UM DEUS SOCIAL

Ken Wilber

UM DEUS SOCIAL
Breve introdução a uma sociologia transcendental

Prefácio
Roger Walsh

Tradução
Claudia Gerpe Duarte

Copyright © 1983 by Ken Wilber

Título original: *A Sociable God: A Brief Introduction to a Transcendental Sociology*
Publicado originalmente pela McGrow-Hill Book Company, Inc., 1983.

Todos os direitos reservados. Nenhuma parte desta obra pode ser reproduzida ou usada de qualquer forma ou por qualquer meio, eletrônico ou mecânico, inclusive fotocópias, gravações ou sistema de armazenamento em banco de dados, sem permissão por escrito, exceto nos casos de trechos curtos citados em resenhas críticas ou artigos de revistas.

A Editora Pensamento-Cultrix Ltda. não se responsabiliza por eventuais mudanças ocorridas nos endereços convencionais ou eletrônicos citados neste livro.

Coordenação editorial: Denise de C. Rocha Delela e Roseli de S. Ferraz
Revisão de língua portuguesa: Denise Pessoa e Isabella Lotufo

---

Dados Internacionais de Catalogação na Publicação (CIP)
(Câmara Brasileira do Livro, SP, Brasil)

Wilber, Ken
  Um Deus social / Ken Wilber ; prefácio Roger Walsh ; tradução Claudia Gerpe Duarte. -- São Paulo : Cultrix, 2010.

  Título original: A sociable God : a brief introduction to a transcendental sociology.

  Bibliografia.
  ISBN 978-85-316-0384-6

  1. Psicologia e religião 2. Religião e sociologia I. Walsh, Roger. II. Título.

10-05797   CDD-306.6

Índice para catálogo sistemático:
1. Religião : sociologia 306.6

O primeiro número à esquerda indica a edição, ou reedição, desta obra. A primeira dezena à direita indica o ano em que esta edição, ou reedição, foi publicada.

Edição   Ano
2-3-4-5-6-7-8-9   10-11-12-13-14-15-16-17

Direitos de tradução para a língua portuguesa
adquiridos com exclusividade pela
EDITORA PENSAMENTO-CULTRIX LTDA.
Rua Dr. Mário Vicente, 368 – 04270-000 – São Paulo, SP
Tel. (11) 2066-9000 – Fax (11) 2066-9008
e-mail: pensamento@cultrix.com.br
www.pensamento-cultrix.com.br
que se reserva a propriedade literária desta tradução.
Foi feito o depósito legal.

Sumário

Prefácio, *7*

Prólogo, *15*

1. O problema dos antecedentes no que diz respeito à religião, *19*
2. A hierarquia da organização estrutural, *31*
3. O indivíduo composto como um elo entre a psicologia e a sociologia, *45*
4. Translação, transformação, transcrição, *55*
5. Alguns empregos da palavra "religião", *64*
6. Crença, fé, experiência e adaptação, *74*
7. A sociologia da religião contemporânea, *83*
8. O conhecimento e os interesses humanos, *118*
9. Metodologia, resumo e conclusão, *127*

Referências, *141*

Prefácio

Nossas religiões, nossos deuses e nossos eus podem não ser bem aquilo que pensávamos. Naturalmente, isso não é absolutamente novo. Na verdade, a história pode ser encarada como uma expressão da evolução progressiva desses elementos, como Ken Wilber tão habilidosamente demonstrou em *Up from Eden*, pois a religião tem sido a força motriz por trás de uma vasta gama de comportamentos, estimulando as expressões mais elevadas da natureza humana e fornecendo desculpas para as mais baixas. Civilizações inteiras viveram, mataram e morreram por suas crenças. Não é de surpreender, então, que a religião tenha sido um dos temas principais da psicologia, sociologia e antropologia.

Na maior parte da história ocidental, a religião teve a primazia na definição da nossa realidade, e infeliz do indivíduo que sugerisse outros pontos de vista ou mesmo outros métodos de apuração da verdade (por exemplo, Galileu). Contudo, a história contemporânea, como por desforra, não tem sido complacente com a religião; esta vem perdendo terreno gradualmente para a ciência e o racionalismo na função de provedora da realidade. Na verdade, a partir da perspectiva racional, costuma-se encarar a religião como uma relíquia do pensamento pré-científico, um remanescente infeliz de épocas menos sofisticadas. Deus, se não morto, pelo menos agoniza, sobrevivendo apenas através das carências dos psicologicamente imaturos.

Contudo, mais recentemente, Deus vem apresentando um retorno dramático, não apenas no aspecto tradicional mas numa ampla gama de formas, orientais e ocidentais, exotéricas e esotéricas, fundamentalistas e gnósticas. O cristianismo tem testemunhado tanto um renascimento fundamentalista como o reaparecimento de abordagens místico-contemplativas. Além disso, tem havido um afluxo sem precedentes de religiões e disciplinas não ocidentais – yoga, zen, meditação transcendental e assim por diante. Algumas diferem tão radicalmente de nossas crenças e práticas tradicionais que chegam a colocar em questão algumas de nossas suposições básicas a respeito da própria natureza da religião. O budismo, por exemplo, não postula qualquer ser supremo ou Deus e concentra-se num programa rigoroso de treinamento mental explicitamente dirigido aos processos psicológicos controlados e aos estados de consciência. No aspecto mórbido, também não há fim para a patologia religiosa: cultos, Jonestown e Moonies tornaram-se termos corriqueiros.

Não admira, portanto, que o estudo da religião, sob qualquer forma, tenha assumido nova importância tanto para a psicologia como para a sociologia. Os sociólogos têm-se dedicado particularmente ao estudo das "novas religiões" e à tentativa de ligar seu surgimento a padrões sociais mais amplos e possíveis aspectos patológicos. Tendem, assim, a relacionar a motivação religiosa com inadequações no nível social e imaturidades no psicológico. E frequentemente com razão, pois não faltam evidências de que a imaturidade e a patologia religiosas refletem seus correspondentes psicológicos.

A pergunta inquietante, porém, persiste. Será que deixamos escapar alguma coisa? Será que isso é tudo o que realmente existe no tocante à religião? Afinal de contas, os grandes santos e sábios – Buda, Cristo, Lao Tzu, Shankara, Aurobindo e outros – têm sido considerados representantes de alguns dos níveis mais elevados do desenvolvimento humano e causadores de enorme impacto na história humana, pelo menos assim afirmaram Toynbee, Tolstói, Bergson, James, Schopenhauer, Nietzsche e Maslow, entre outros. Podemos, por conseguinte, perguntar: nossas principais suposições, teorias e metodologias sociológicas são adequadas para identificar não apenas a imaturidade e a patologia como também os ápices da experiência e do desenvolvimento humano que algumas das grandes religiões julgam possível e realizável através do treinamento?

O objetivo deste livro é assegurar que esses ápices sejam de fato identificáveis, e sua estrutura psicológica advém de evoluções recentes no que veio a ser conhecido como psicologia transpessoal.

As duas últimas décadas de pesquisa psicológica viram um surgimento dramático de interesse em áreas como a natureza e as técnicas modificadoras da consciência, a autorregulação dos processos psicofisiológicos e as psicologias não ocidentais. A tendência geral tem sido aceitar que existem estados de consciência, níveis de maturidade psicológica e graus de controle voluntário além daqueles anteriormente supostos para definir o potencial humano. A psicologia humanística desenvolveu-se primeiramente como um esforço para concentrar atenção nessas áreas; a psicologia transpessoal veio a seguir, quando até o modelo humanístico mostrou-se inadequado para abranger toda a gama de fenômenos em estudo. Escolheu-se o termo "transpessoal" para definir experiências e estados nos quais o senso de consciência e de identidade aparentemente iam além (*trans*) da personalidade e do ego tradicionais.

No Ocidente, eram normalmente chamadas de experiências culminantes e foram inicialmente consideradas de ocorrência apenas rara e involuntária. Entretanto, descobriu-se posteriormente que determinadas psicologias e disciplinas religiosas orientais continham não apenas descrições detalhadas de tais estados, mas instruções e técnicas para atingi-los voluntariamente. De repente, e para grande surpresa dos psicólogos ocidentais, começou a tornar-se evidente que a essência esotérica de algumas das grandes religiões, tanto ocidentais como orientais, que havia a princípio parecido sem sentido ou mesmo patológica, poderia ser compreendida como técnica para o controle voluntário dos processos psicológicos e da consciência. Tomando apenas um exemplo específico, a meditação pode agora ser vista como uma estratégia de treinamento da atenção em vez de uma fuga regressiva e autista do mundo, e essa nova interpretação conta atualmente com apoio significativo por parte da pesquisa empírica.

Desse modo, não eram as grandes religiões necessariamente patológicas, e sim, antes de uma compreensão de sua natureza como dependência de estado, a nossa estrutura psicológica ocidental é que não era capaz de abarcar prontamente esses fenômenos.

Naturalmente, isso não quer dizer que todas as coisas orientais ou religiosas sejam desse teor. Existem claras distorções, dogma, patologia, má interpretação e má utilização em torno de todas as religiões. Na verdade, a essência pragmática do treinamento mental rigoroso é frequentemente encoberta por pompa e dogma exotéricos, ou reservada como um núcleo esotérico para os poucos considerados capazes de atender a suas severas exigências. Porém, onde encontrada, essa essência esotérica de treinamento mental tende a revelar semelhanças acentuadas entre sistemas aparentemente diferentes e indicar princípios psicológicos, cosmovisões e estados transcendentais comuns: as chamadas "unidade transcendente das religiões", "filosofia perene" e "psicologia perene".

A adição da dimensão transpessoal aos modelos psicológicos tradicionais permitiu que ocorresse a reinterpretação significativa de uma das principais esferas da atividade humana. A teoria sociológica, contudo, não tem apresentado uma dimensão correspondente, revelando às vezes uma tendência a abordagens por demais reducionistas em seus estudos sobre religião. Este livro objetiva, portanto, incorporar uma dimensão transpessoal à teoria sociológica.

Ninguém mais qualificado a fazê-lo do que Ken Wilber, reconhecidamente o teórico máximo da psicologia transpessoal. Nos seus inúmeros livros e relatórios, ele proporcionou uma integração incomparável dos principais sistemas psicológicos e religiosos. Em *The Spectrum of Consciousness*, mostrou que o aparente conflito entre os diferentes sistemas psicológicos e religiosos poderia ser resolvido, se os encarássemos como se estivessem voltados para estruturas diferentes e parcialmente complementares de consciência e de níveis do inconsciente. Em *The Atman Project*, apresentou um modelo de desenvolvimento psicológico que se estende não apenas pela infância e adolescência como também pelos diversos níveis de iluminação. Em *Up from Eden*, aplicou esse modelo à evolução humana de um modo geral.

Agora, em *Um Deus social*, ele toma esse mesmo modelo e emprega-o como uma estrutura de desenvolvimento através da qual se pode avaliar os diversos níveis de interação social. Isso, por consequência, proporciona um complemento corretivo aos métodos atuais de análise sociológica, tal como a hermenêutica fenomenológica que carece de critérios críticos para a avaliação hierárquica. Também fornece meios para evitar a armadilha de tomarmos um nível de interação social e torná-lo padrão para todos. Por exemplo, Marx interpretou todo comportamento em função da economia, e Freud em termos de sexualidade. A arte, a filosofia, a religião e todas as atividades "superiores" tornaram-se, assim, expressões da opressão econômica ou da repressão sexual.

Wilber também acrescenta a essa estrutura de desenvolvimento uma análise das diversas modalidades epistemológicas, das maneiras como obtemos conhecimento. O fato de os meios sensoriais, intelectuais e contemplativos produzirem diferentes esferas ou categorias de conhecimento, não totalmente equivalentes ou conversíveis entre si, é muitas vezes esquecido. O conhecimento simbólico conceitual não pode ser completamente reduzido à dimensão objetivo-sensorial, nem o contemplativo à conceitual, sem que resulte no que se chama erro de categoria. Assim, existe um método específico para estabelecer a validade de cada esfera de conhecimento: o analítico-empírico para os dados objetivos, a hermenêutica para a comunicação simbólica e a percepção gnóstica direta para o contemplativo.

Após delinear essas noções gerais, Wilber aplica-as a temas específicos, especialmente religiosos, com que se defronta a sociologia hoje. Em primeiro lugar, ele executa a tão necessária tarefa de distinguir entre os variados empregos do termo religião, observando que grande parte da atual confusão tem sua origem no uso impreciso ou mesmo misto desse termo.

A seguir, ele se volta para a evolução da religião e interpreta suas condições e orientações atuais à luz da própria estrutura de desenvolvimento. Nosso presente distanciamento da crença mítica e nossa aproximação da racionalização crescente têm sido amplamente interpretados como evidências de uma evolução anti ou pós-religiosa. Mas Wilber reestrutura todo esse movimento através da observação de que esse tipo de progressão representa um deslocamento apropriado, específico de uma fase, quando o pré-racional rende-se ao racional, *a caminho do transracional*. A partir dessa perspectiva evolutiva, considera-se nossa fase atual como antirreligiosa somente se a religião for equiparada, como normalmente o é, ao pré-racional, em vez de a um dos vários níveis do desenvolvimento hierárquico pré-racional/racional/transracional. Essa admirável perspectiva também possibilita um método de determinar o que Wilber denomina a autenticidade de uma religião: o grau em que ela estimula a evolução aos níveis transracionais. Ele distingue isso de "legitimidade", que define como o grau em que uma religião preenche as necessidades psicológicas e sociais de uma população no seu nível de desenvolvimento corrente. Tudo isso conduz diretamente a uma das partes mais produtivas do livro.

As atuais efervescências religiosas e as novas religiões podem ser examinadas com precisão através de suas respostas à atual fase de crescente racionalidade do desenvolvimento. Wilber é de opinião que os três principais tipos de reação sociológica ocorrem no momento: primeiro, a tentativa de manter-se fiel aos níveis míticos atualmente obsoletos (por exemplo, "a maioria moral"); segundo, a aceitação do processo em curso de secularização racional (tal como a *intelligentsia* liberal tende a fazer); e terceiro, numa minoria de casos, o esforço de realizar uma transformação transracional efetiva, não através da negação da racionalidade, e sim de sua aceitação e transcendência por meio de intensiva prática yogue-gnóstica. É esse último grupo que Wilber julga capaz de fornecer catalisadores efetivos para um avanço evolutivo em escala mais ampla, se isso tiver mesmo de ocorrer. A importância de uma maturação tão difundida para o desenvolvimento completo do nível racional, e posteriormente além, dificilmente poderá ser superestimada. Nossas vontade e capacidade de corrigir o grande volume de sofrimento existente em todo o mundo, derivado de causas evitáveis, como desnutrição, pobreza, superpopulação, patologia sociogênica e opressão, bem como de evitar a autodestruição maciça, ou mesmo total, poderão depender disso. A importância da contribuição de Ken Wilber na forma de um modelo sociológico comprovável, crítico e de grande alcance, capaz de orientar as avaliações desses deslocamentos evolutivos, também não deve ser subestimada.

Este livro poderia ter sido muito longo. O número de ideias novas e de sínteses contidas em suas poucas páginas é surpreendente. O autor optou por fornecer-nos uma estrutura heurística em vez de um texto detalhado. Contudo, esse perfil deverá ser suficiente para manter sociólogos e psicólogos ocupados em pesquisar e complementá-lo por muitos anos, visto que propõe uma maneira de levar a psicologia e a sociologia da religião a uma nova linha divisória.

Roger Walsh

Prólogo

Este livro apresenta um panorama introdutório da psicologia e da sociologia da religião, com ênfase particular em como a moderna teoria sociológica pode beneficiar-se de um diálogo com a filosofia perene – ou seja, com as perspectivas transcendentais ou transpessoais (daí o subtítulo). Nos termos da sociologia atual trata-se de uma introdução a uma sociologia da religião "não reducionista" (ou visões de mundo em geral) e baseia-se em vários princípios extraídos do funcionalismo moderno (por exemplo, Parsons), da hermenêutica (por exemplo, Gadamer) e do estruturalismo do desenvolvimento (por exemplo, Habermas), todos cuidadosamente estabelecidos num contexto de possibilidades transcendentais ou transpessoais (por exemplo, William James). O livro não é, contudo, "meramente metafísico" ou irremediavelmente idealístico", pois contém metodologias e estratégias concretas para a formação e comprovação de hipóteses.

Naturalmente, uma sociologia transcendental e transpessoal representa, em parte, um novo tipo de abordagem; todavia, o assunto é de aplicabilidade direta e imediata em quaisquer teorias sociais, psicológicas e religiosas da atualidade, inclusive nos novos movimentos religiosos da América, nos cultos, no afluxo de tradições orientais místicas, no colapso da "religião civilizada", na psicologia da experiência religiosa, na meditação, no processo da "legitimação" das cosmovisões, na psicologia humanística e transpessoal, no desenvolvimento moral e assim por diante – todos esses itens estão mais ou menos entrelaçados nas páginas que se seguem, em virtude do próprio escopo do assunto. Este livro poderá interessar a especialistas ou a leigos cultos que tenham ligação com quaisquer dos tópicos acima.

Tentei, então, fornecer o mais breve relato possível, bem como uma introdução, sobre uma sociologia transcendental geral. *Breve*, por várias razões. Para começar, porque esta é, em parte e até onde tenho conhecimento, a primeira tentativa de abordar os aspectos transcendentais do assunto, e primeiras tentativas merecem brevidade. Em segundo lugar, quis que este livro representasse uma exposição concisa das *possibilidades* desse campo, e não uma dissertação desconexa sobre o seu conteúdo essencial. A obra em si, embora erudita, pretende ser acessível ao leigo culto interessado em psicologia, sociologia e religião, e sua brevidade torna isso bem mais possível. Para os especialistas nesses campos, a apresentação "apenas do esqueleto" permitirá que acrescentem o recheio das próprias ideias, perspectivas e visões intuitivas sem qualquer interferência adicional da minha parte, chegando assim a vários resultados substanciais em virtude das próprias contribuições (coproduções, por assim dizer). Acredito que esse esqueleto é suficientemente firme, e suficientemente novo, para dispensar maiores apresentações nessa primeira incursão; fazê-lo simplesmente traria o risco de definir em excesso um novo e frágil tópico. Finalmente, ao manter a exposição concisa, considerei que o volume poderia ser mais facilmente usado como texto auxiliar ou leitura complementar nas faculdades ou nos cursos de graduação em matérias afins.

Contudo, como esta é uma apresentação introdutória sucinta, tive ocasionalmente de expor minhas observações de maneira bastante dogmática e conclusiva. Gostaria, portanto, de enfatizar que as teorias que se seguem constituem, na verdade, hipóteses potencialmente passíveis de teste – e rejeição – por um conjunto de metodologias experimentais. Essas metodologias são resumidas no último capítulo. Devo também dizer que este é um desses tópicos algo complicados em que se compreende melhor cada uma de suas partes uma vez captada a ideia geral, tratando-se, assim, de um daqueles livros que pedem uma segunda leitura. Pelo menos, no final, o leitor poderá refletir brevemente sobre os pontos abordados e verificar se não contêm certo sentido abrangente, talvez não tão claro na primeira leitura.

A palavra "transpessoal" pode ser nova para alguns leitores. No momento, basta dizer que envolve, em parte, uma *investigação* contínua e experimental de questões espirituais ou transcendentais (transpessoais) ou referentes à "filosofia perene". E isso não para legitimar sem critérios todas as supostas "experiências religiosas", mas para tentar desenvolver métodos legítimos e reproduzíveis de diferenciação entre a experiência espiritual autêntica, se tal coisa realmente existe, e os estados meramente psicóticos, alucinatórios, grandioso-exibicionistas, paranoides, delirantes e outros estados anormais ou patológicos. Trata-se de uma disciplina *crítica*.

Mas por ser, em parte, uma das primeiras tentativas de trazer uma dimensão transpessoal ou crítico-transcendental à sociologia, este livro depara ao mesmo tempo com uma benção e uma maldição. Bênção no sentido de que se poderá, com apenas um pouco de inteligência, realizar observações pioneiras através de simples definições. Maldição na medida em que não existem precedentes com relação aos quais julgar o real valor dessas observações. Isso difere bastante até do recém-introduzido campo da psicologia transpessoal, pois esta – sob diferentes nomes – na verdade remete a Platão, Agostinho e Plotino, no Ocidente, e a Buddhaghosa, Patanjali e Asanga, no Oriente, podendo ainda reivindicar, entre outros, colaboradores como Kant, Hegel, Bradley, Eckhart, C. G. Jung, William James, Jaspers. Isso porque a própria psicologia, como disciplina distinta, volta pelo menos ao *De anima* de Aristóteles, e a psicologia transpessoal, seja qual for seu nome, representa simplesmente a abordagem à psicologia a partir das perspectivas da *philosophia perennis*, uma abordagem, desse modo, tão antiga quanto a própria filosofia perene. Sob o título "psicologia transpessoal", é de certa forma uma nova e moderna disciplina, porém encerra uma história muito antiga e respeitável.

A sociologia, por outro lado, é considerada, provavelmente, a mais jovem das ciências humanas. Alguns eruditos da Renascença e do Iluminismo – Hobbes, Locke, Rousseau, Maquiavel, Montesquieu, Vico – foram uma espécie de sociólogos. Porém, não foi realmente senão até o século XIX, quando o conceito de *sociedade* foi finalmente separado do conceito de *Estado*, que a sociologia surgiu como disciplina à parte. O termo "sociologia" foi criado em 1838, por

Auguste Comte, e seus dois grandes "fundadores", Émile Durkheim e Max Weber, escreveram trabalhos pioneiros em 1893 e 1920, respectivamente. Portanto, apenas algumas décadas atrás.

Aqui reside a dificuldade: a sociologia, embora nova, surgiu num clima intelectual amplamente dominado pelo então em evidência materialismo científico, e muitos dos seus primeiros especialistas foram excessivamente influenciados pela ciência mecanicista (por exemplo, Comte) ou por interações materiais (por exemplo, Marx), com o resultado de que suas sociologias são expressamente reducionistas. Mesmo o sensível e erudito Durkheim foi recentemente rotulado, por Robert Bellah, como um dos "grandes reducionistas" das ciências humanas (o outro é Freud). Em se tratando de uma ciência tão jovem, a sociologia apenas recentemente tomou providências para corrigir essas tendências reducionistas, usando, entre outras coisas, modelos apoiados em sistemas vivos e não mecânicos (por exemplo, o funcionalismo parsoniano) e introduzindo a fenomenologia e as disciplinas interpretativas, ou o estudo do *significado* dos atos mentais *como* atos mentais, e não apenas redutíveis a behaviorismos empírico-objetivos (Schutz, Berger etc.).

Tudo isso representa boas notícias e será abordado nas páginas que se seguem. Mesmo assim, a sociologia ainda não se abriu aos assuntos incluídos na filosofia perene. Por um lado, porque a disciplina é realmente nova; não teve a vantagem de ser exposta a um Platão, a um Spinoza, a um Hegel, a um Leibniz – todos de certa maneira filósofos perenes. Por outro lado, apenas recentemente adotou-se uma investigação moderna, *experimental* e sistemática sobre os princípios fundamentais da *philosophia perennis* (em grande parte por psicólogos transpessoais), portanto, antes disso, pode não ter sido assim tão fácil introduzir na sociologia questões transcendentais ou transpessoais. De qualquer modo, acho que a época agora é adequada a tal introdução.

O que interessa é que a moderna psicologia da religião deve ter algo a oferecer à moderna sociologia da religião, e este livro representa uma breve introdução a ambas.

1. O problema dos antecedentes no que diz respeito à religião

O propósito deste livro é apresentar algumas contribuições que a psicologia transpessoal possa dar à ciência da religião, em primeiro lugar traçando as bases da psicologia transpessoal e, em segundo, transpondo essas bases para as categorias e dimensões da moderna teoria sociológica. Feito isso, tópicos e problemas específicos – como as novas religiões, a validade cognitiva do conhecimento religioso, algumas definições da religião em si, a hermenêutica e o estruturalismo nas proposições universais religiosas, a metodologia da investigação religiosa e assim por diante – serão abordados. Deve-se enfatizar, contudo, que devido à grande quantidade de campo teórico a ser rapidamente coberto, esta apresentação ocorrerá necessariamente num nível experimental, generalizado e informal.

O problema inicial, tanto para a psicologia como para a sociologia da religião, é apresentar teorias e metodologias para determinar ou compreender o objetivo, e talvez em plano secundário a validade, do envolvimento religioso. Gostaria de rever de forma bastante breve as principais respostas sociológicas (e psicológicas ortodoxas) a esse problema, para destacar as áreas em que a psicologia transpessoal pode eventualmente contribuir.

TEORIA DA PRIMITIVIZAÇÃO

Uma das primeiras abordagens, aparentemente reflexas, é a "primitivização", que encara a religião de um modo geral como o produto de estágios inferiores ou primitivos do desenvolvimento humano. Na sociologia, por exemplo, a famosa "lei de três" de Comte considera a evolução histórica como um deslocamento da religião mítica para a metafísica e depois para a ciência racional, caso em que a religião é vista simplesmente como um consolo primitivo para uma mentalidade primitiva. Interpretado pelos modernos psicólogos do desenvolvimento, essa evolução filogenética parece encontrar muitas analogias com o desenvolvimento ontogenético atual: a criança vai do pensamento mágico prototáxico ao pensamento mítico paratáxico e à racionalidade sintáxica.[87] A religião, mais uma vez, parece estimulada por fixações ou regressões à mágica infantil ou ao mito da criança, este último particularmente marcado pelas relações-objeto de Édipo e, portanto, sensível a introjeções paternas ou especialmente patriarcais e projeções posteriores como um Pai celestial[29] ora amoroso, ora vingativo, ora ciumento, ora magnânimo – tudo o que sempre se quis saber sobre Jeová. Partindo da sociologia da primitivização para a teoria racional-emotiva, depois para a psicanálise e finalmente para a psicologia cognitiva ortodoxa, essa formalização "religioso-infantil" foi pandêmica, com o próprio Freud (*The Future of an Illusion*) abrindo caminho.[31] Piaget reconstituiu amplamente o pensamento mágico, mítico e do "tipo religioso" do início da infância e documentou como ele tende a desaparecer à medida que modos de pensamento mais formais e racionais surgem e desenvolvem-se.[70]

Contudo, essa sequência particular de desenvolvimento – da magia ao mito e à racionalidade – não deve ser negada, como logo veremos em detalhe; o que é discutível é sua capacidade de explicar todo, ou em grande parte, o perfil básico de religião. Pode-se dizer, levantando apenas a mais leve objeção, que mesmo que todos os envolvimentos religiosos fossem indicativos de cognições infantis, na melhor das hipóteses, isso explicaria suas origens, e não sua função ou finalidade – seu *significado* para os adeptos e sua função na sociedade de um modo geral.

FUNCIONALISMO

Não é incomum, portanto, um especialista sensível a princípio aceitar a primitivização como explanatória e eventualmente passar a adotar uma espécie de abordagem funcionalista (por exemplo, Parsons, Merton, Luhmann), se não para substituir por completo a primitivização, pelo menos para suplementá-la.[62,69] No funcionalismo ou na teoria geral de sistemas, grupos ou sociedades são considerados sistemas orgânicos, com cada uma das suas "partes" (religião, educação, costumes etc.) desempenhando algum tipo de função potencialmente útil ou necessária. O simbolismo religioso é, por conseguinte, analisado em termos das funções construtivas que desempenha em áreas específicas do organismo social global, como manutenção de padrões, redução de tensão, realização de metas e outras. Sob esse aspecto, o simbolismo religioso, se realmente funcionar adequadamente (ou seja, caso ajude o sistema a propagar-se), pode ser considerado *apropriado*.

No funcionalismo corrente, as funções e os significados das atividades sociais ou grupais frequentemente se dividem em duas dimensões: manifesta e latente. A função manifesta possui um valor reconhecido – é mais ou menos consciente, explícita e declarada. A função latente, por outro lado, não é reconhecida nem possui uma intenção consciente – é mais ou menos implícita e não declarada. Merton,[62] que introduziu essa distinção na sociologia (cf. distinção semelhante de Freud nos sonhos), usou a dança da chuva dos hopi como exemplo. A função manifesta do ritual é fazer chover. Entretanto, tais rituais também "preenchem a função latente de reforçar a identidade do grupo propiciando oportunidades periódicas para que os membros dispersos reúnam-se para participar de uma atividade comum". O significado manifesto é claro para os membros do grupo; o significado latente, contudo, normalmente só pode ser descoberto através de análise funcional específica, ou seja, através da tentativa de determinar a real função empírica e *objetiva* de um relacionamento específico, independentemente do que os envolvidos dizem ou pensam (explicação manifesta e subjetiva).

No que diz respeito à religião, então, pode-se atribuir funções legítimas a vários ritos, símbolos e crenças. Temos de considerar que, mesmo num nível manifesto, os símbolos religiosos não sejam objetivamente "verdadeiros" (por exemplo, mesmo que a dança da chuva não faça efetivamente chover), num nível latente os ritos e símbolos desempenham uma função muito necessária, útil e a propósito "verdadeira". Ajudam a preservar e proteger a integridade e a coesão global do grupo (auxiliam o sistema a propagar-se). Dessa forma, os símbolos religiosos, sejam ou não "objetivamente verdadeiros", podem servir a uma finalidade legítima no sistema social autorregulador. Em resumo, a religião desempenha uma função, talvez oculta, e consequentemente possui um significado, talvez latente, num determinado grupo ou cultura.

Isso, naturalmente, guarda muita semelhança com aspectos da psicologia pragmática, como a de William James. Símbolos religiosos podem ser unidades apropriadas ao funcionamento da psique, independentemente do "valor da verdade objetiva" dos supostos referenciais. Para James, a própria *crença* nas realidades espirituais poderia constituir um propósito construtivo que legitimasse – na verdade constituísse – a alegada veracidade da crença.[51]

Existe claramente um mérito nessa abordagem, e reteremos aspectos dela em nossa formulação global (mesmo encontrando lugar para um tipo de primitivização limitada). Porém, a abordagem funcionalista em si e por si própria é expressamente reducionista. A religião não consiste realmente numa comunhão com alguma divindade, espírito ou ente supremo verdadeiros; não desempenha na verdade muito mais do que uma função de válvula de segurança. Seu *referencial* não é uma divindade em si; seu referencial resume-se meramente a outros símbolos num círculo de transações sociais. Em outras palavras, a religião não é de fato religiosa; não gira apenas em torno de Deus, e sim de vários símbolos divinos que se compõem de reciprocidades meramente humanas e sociais.

Essa abordagem, se empregada de modo exclusivo, nega arbitrariamente ou pelo menos reinterpreta as efetivas reivindicações de validade dos próprios adeptos e, desse modo, desconsidera ou reduz a parte central, subjetiva, dos fenômenos que se propõe a explicar. Não admira que seja forçada a colocar o "verdadeiro significado" da religiosidade exclusivamente numa dimensão latente, onde pode proteger-se das objeções dos adeptos. Não é o caso de negar a *existência* de dimensões e funções latentes num sistema de fé religiosa, pois elas existem; trata-se de desaprovar a redução pandêmica da intencionalidade manifesta e subjetiva a uma função latente e empírica.

Assim, para o funcionalismo, Lao Tzu, Buda, Krishna e Cristo realmente não intuíam um campo transcendental de existência, como afirmavam (sua intenção manifesta). O funcionalismo não encontra qualquer evidência objetiva, qualquer, referência empírica, para esse "campo transcendental", e consequentemente o que esses sábios *realmente* faziam era desempenhar uma espécie de função meramente latente que desconheciam. O campo transcendental, *como* campo transcendental, nunca entra em cena, o que contraria tudo o que os sábios efetivamente tinham a dizer sobre o assunto.

Porém, existem também objeções ortodoxas à teoria de sistema exclusivamente funcionalista. Entre elas, destaca-se o fato evidente de que os estados e valores das metas humanas não podem ser determinados por meio de métodos empírico-analíticos ou meramente objetivos.[32] Temos de levar em conta que, não como os sistemas puramente biológicos que formam a base do modelo funcionalista, as interações humanas também possuem significados, valores, metas e objetivos conscientes, e essas relações são mais intersubjetivas do que objetivas. Consequentemente, elas se revelam mais pela comunicação e interpretação intersubjetivas do que pela mensuração e análise objetivas, e as interpretações intersubjetivas resvalam pelo sistema sem deixar pegadas inteiramente empírico-objetivas.[38] Por exemplo, não podemos facilmente elaborar um teste empírico-científico que revele o significado de *Hamlet*. *Hamlet* é uma criação mental e simbólica, cujos significados e valores manifestam-se apenas num grupo de intérpretes intersubjetivos. O funcionalismo, na tentativa de ser empírico e objetivo, simplesmente deixa escapar a essência desses significados e valores intersubjetivos. Por outro lado, se tentarmos superar essa deficiência apenas estipulando os valores e estados da meta que orientarão a análise do sistema, incorreremos numa abordagem normativa e interpretativa em oposição à empírica, que o funcionalismo alega ser. Tentar justificar essas dimensões normativo-interpretativas remetendo-as de volta às funções empíricas do sistema (por exemplo, Luhmann) significa, mais uma vez, reduzir umas às outras.

HERMENÊUTICA FENOMENOLÓGICA

Quando os pesquisadores teóricos começam a questionar esse reducionismo (nas suas formas psicológicas ou sociológicas), não raro passam das análises exclusivamente funcionalistas para algo semelhante à hermenêutica fenomenológica: pelo menos de uma perspectiva inteiramente válida, *o símbolo religioso é exatamente o que diz ser*. Não é meramente uma função manifesta que oculta a verdadeira função latente, nem apenas uma válvula de segurança, nem somente um mecanismo redutor de tensão ou de coesão social – é fundamentalmente o que diz ser. Se Buda ou Krishna estavam lúcidos e foram autênticos no seu sentido comunicativo, declarando-se em contato com um campo fundamental de existência, então esse constitui nosso único ponto de partida. E se quero *entender* esse ponto, se quero entender os símbolos e intenções de qualquer pessoa, nesse caso, a melhor abordagem é uma espécie de *interpretação empática* (exatamente como se pretendesse compreender *Hamlet* ou outra comunicação simbólica). Devo *reproduzir* na *minha* consciência, através da *interpretação*, o mundo *interior* ou significado de Krishna, Hamlet, Jó ou qualquer outro, para apreender sua mensagem intrínseca.[32,49,67,68]

A ciência de tal interpretação é normalmente denominada "hermenêutica", do grego *hermeneutikos*, "traduzir" ou "interpretar", e de Hermes, o deus da ciência, do comércio e da eloquência. A hermenêutica tem suas raízes modernas na fenomenologia geral, ou na tentativa de descobrir a natureza e o significado das ações mentais *como* ações mentais, e não apenas reduzidas a diversas manifestações objetivas, sensoriais e empíricas. Temos de considerar que um objeto meramente sensório-empírico – digamos, uma rocha – não indica nem se refere necessariamente a qualquer outra coisa além de si próprio. Porém, um evento *mental* – um conceito ou símbolo – pela sua própria natureza indica ou *se refere* a outras entidades e eventos, inclusive *outros* símbolos, que por sua vez podem referir-se ainda a outros símbolos e assim por diante, num círculo *intersubjetivo* de significados e valores simbólicos. Em resumo, uma ação mental *como* ação mental é o que Husserl chamava de *intencional*: possui *significado* ou *valor* porque se refere a ou abrange outros fatores, inclusive outros significados, símbolos e valores. A fenomenologia representa uma tentativa de estudar diretamente esse campo de *intelligibilia* intersubjetiva e não apenas o da *sensibilia* objetiva. E a hermenêutica constitui simplesmente o ramo da fenomenologia que se dedica especialmente à interpretação dos significados desses símbolos intersubjetivos ou intencionais.

Consequentemente, se desejo compreender o significado de um sistema religioso particular, não devo fazê-lo de forma meramente empírica, objetiva e reducionista. Devo, em primeiro lugar, entender empaticamente o sistema, reproduzindo ou penetrando o seu círculo intersubjetivo e interpretativo (o "círculo hermenêutico"). As escolas divergem quanto ao caráter da interpretação, se empática ou efetivamente participante (onde for possível), mas alguma forma de *entendimento interior* e de *envolvimento interpretativo* é considerada absolutamente fundamental. O *significado* de uma expressão religiosa não se encontra exclusiva ou mesmo especialmente, por exemplo, em seu controle da tensão latente, mas em sua intencionalidade manifesta e em seu reconhecimento intersubjetivo. A maneira de estabelecer – como um "investigador exterior" – esse significado intersubjetivo é penetrar (não necessariamente de forma física) no próprio círculo hermenêutico, o círculo formado pela permuta intersubjetiva de símbolos linguísticos, uma troca que sempre ocorre num contexto *histórico* particular. Daí a denominação comum: hermenêutica histórica. Para entender o significado religioso da palavra "pecado", por exemplo, é preciso levar em consideração o contexto *histórico* do símbolo em si, porque o que é *pecado* em determinada época não o é necessariamente em outra (o que aconteceu com a gula e a preguiça, que já foram pecados mortais?). Ao definir "pecado" apenas objetivamente, perdem-se os seus referenciais históricos, o que conduz a más interpretações, má hermenêutica, tendência etnocêntrica e assim por diante.[33,34]

Essa abordagem hermenêutico-fenomenológica geral exerceu enorme influência tanto na psicologia da religião – o *Varieties* de James é uma espécie de precursor – como na sociologia da religião – Ricoeur, por exemplo, ou o "realismo simbólico" de Robert Bellah, que constitui um tipo de hermenêutica Durkheim, se me permitem falar assim. Da mesma forma, tenho observado muitos colegas psicólogos passarem de uma fascinação inicial pela teoria de sistemas e pela psicocibernética (a correria das partículas de informação através de neurônios impessoais) para um sistema mais abrangente que também inclua uma tentativa de apreender o *significado* dessa informação em termos de um eu que molda e é moldado pela história. O eu como história, irremediavelmente entrelaçado com outros eus como história, constitui não somente informação mas também uma *história*, um *texto*, com início, meio e fim, altos e baixos consequências, e a compreensão do significado de um texto dá-se através de uma boa interpretação: a hermenêutica.

Há, evidentemente, muito a dizer sobre a hermenêutica fenomenológica, e recorreremos a muitos dos seus princípios à medida que prosseguirmos. Porém, tomada em si e por si, a hermenêutica parece finalmente sofrer uma série de infelizes limitações. A primeira delas é a radicalização da verdade situacional e a consequente falta de uma dimensão crítica universal ou mesmo quase universal, um modo de julgar a validade efetiva, e não apenas uma malha interpretativa, de uma alegada verdade religiosa. Krishna pode ter transcendido, mas os hopi realmente faziam chover? Como distinguir os envolvimentos autênticos dos não autênticos? A hermenêutica nega, naturalmente, que tal dimensão crítica ou universal exista, tornando relativas, por conseguinte, todas as verdades culturais, com a exceção bastante ilógica da sua própria alegação de que esse é sempre (ou seja, universalmente) o caso.

Para a hermenêutica, todas as expressões religiosas – aliás, todas as criações simbólicas – devem ser compreendidas a partir do interior; é a sociologia *verstehenden* ao extremo. Quando se está *dentro* do círculo hermenêutico, a validação vem na forma de consentimento interpretativo consensual; a quem estiver fora do círculo, não se dá direito a julgamento. Em qualquer dos casos, pode-se apresentar o próprio círculo como errado, ou parcialmente errado, ou mesmo apenas *parcial*. Tal absolutismo teórico da relatividade cultural frequentemente se traduz, no campo, como exasperação,[3] uma exasperação que aparentemente se deve, em alguns casos, não a uma aplicação metodológica incorreta, mas a um pré-entendimento mais natural de que nem *todas* as expressões religiosas são "verdadeiras" e de que alguma forma de avaliação crítica é obrigatória.

Os hermeneutas e os realistas simbólicos argumentam, naturalmente, que essa exasperação se deve provavelmente a uma deficiência metodológica ou interpretativa, porque não existe um *padrão exterior* para uma possível avaliação crítica das expressões religiosas, sem, digamos, cair no reducionismo. Assim, qualquer tentativa de contradizer o que o círculo hermenêutico particular diz é, *a priori*, acusado de reducionismo, e desse modo a hermenêutica, em si e por si, sob a alegação de ser "não reducionista", tende rapidamente a resvalar para a noção imperfeita de que "*todas* as religiões são verdadeiras", uma postura que impossibilita qualquer tipo de avaliação crítica sistemática. A hermenêutica não tem oposição.

ESTRUTURALISMO DE DESENVOLVIMENTO

A hermenêutica exclusivista não apenas nega as verdades da teoria de sistemas funcionalista que são parcialmente verdadeiras – por exemplo, a possibilidade de que existam funções latentes desempenhadas por um texto fora do conhecimento do texto – como também fecha os olhos aos avanços ocorridos nas modernas ciências de desenvolvimento estrutural, especialmente nas linhas de Baldwin,[8] Piaget,[70] Werner,[95] Kohlberg[54] e Loevinger.[57] A descoberta produtiva dessas disciplinas é que as estruturas psicológicas desenvolvem-se de forma *hierárquica*. Exceto por interrupção, regressão ou fixação, cada etapa de desenvolvimento inclui, abrange ou agrupa os elementos básicos dos seus predecessores, mas incorpora estruturas e funções significativas anteriormente não encontradas.[100] O nível sênior inclui o júnior, mas *não vice-versa*, e esse "não vice-versa" é que constitui e estabelece uma hierarquia bastante real. Cada estágio sênior produz um grau maior de estruturalização, diferenciação-integração, organização, capacidade funcional e assim por diante através de uma dúzia de variáveis que definem, através de uma rígida lógica de desenvolvimento, o significado da palavra "superior". Assim, os psicólogos de desenvolvimento falam sem pudor sobre *estados superiores* de cognição (Piaget), desenvolvimento do ego (Loevinger), relações interpessoais (Selman), moralização (Kohlberg) e, inclusive, *qualidade*, como o psicanalista Rapaport explica: "*As estruturas são ordenadas hierarquicamente*. Essa hipótese é significativa, porque representa o fundamento das proposições psicanalíticas referentes à diferenciação [...] e porque subentende que *a qualidade de um processo depende do nível da hierarquia estrutural em que ocorre*."[76]

Se aceitarmos, por enquanto, que a psicologia também é sempre social, essa hierarquização global é extremamente significativa, pois aparentemente nos fornece – talvez pela primeira vez – um modelo para *julgar o grau comparativo da validade* de diversas criações psicossociais (inclusive expressões religiosas). Uma abordagem semelhante já foi sugerida por Habermas,[41] que deseja empregar, entre outros esquemas, as estruturas estagiárias de moralização de Kohlberg para avaliar o nível de desenvolvimento da competência interativa que se manifesta em vários indivíduos e, de fato, em sociedades e épocas históricas de um modo geral.

Antes de analisarmos mais cuidadosamente esse modelo hierárquico, devemos observar que Habermas identifica-o explicitamente como corretivo para a investigação histórico-hermenêutica. Habermas usa alguns dos fundamentos da hermenêutica, tal como a sua ênfase na história expositiva e na capacidade comunicativa, porém enfatiza que se devem colocar de encontro à hermenêutica, *como um contraste narrativo*, as concepções hierárquicas de uma lógica de desenvolvimento. A realidade dos *níveis* do desenvolvimento narrativo *impõe* a qualquer narrativa uma condição de capacidade que não é e não pode ser exclusivamente determinada pela interpretação empática da própria narrativa. Existe, em outras palavras, uma espécie de *corretivo externo* ao círculo hermenêutico, e esse corretivo representa um esquema de níveis de desenvolvimento de capacidade narrativa.

Finalmente, observamos que, em virtude da hierarquia, cada estrutura mais elevada de consciência é potencialmente capaz de *criticar de forma legítima* a parcialidade, porém não a conveniência específica de uma fase, dos seus predecessores inferiores, exatamente como, por exemplo, uma pessoa de pensamento operacional formal pode criticar o egocentrismo desequilibrado do pensamento pré-operacional, ou uma postura moral de estágio 5 criticará a falta de perspectividade da atitude de estágio 2. Em outras palavras, a teoria de desenvolvimento estrutural parece fornecer-nos aquela dimensão crítica universal ou quase universal ou o corretivo exterior que aparentemente falta nas abordagens meramente hermenêuticas, fenomenológicas ou realístico-simbólicas.

NOSSA ABORDAGEM GLOBAL

Com base em tudo acima exposto, podemos agora afirmar que o ponto crucial deste livro é a afirmação de que existe uma hierarquia não somente de desenvolvimento psicossocial mas também de desenvolvimento religioso autêntico, uma de fato incorrendo precisamente na outra como extremidades de um único espectro. Por fim, a natureza hierárquica desse espectro dar-nos-á uma sociologia crítico-normativa da religião, capaz de *analisar estruturalmente* várias expressões religiosas, atribuindo-lhes um lugar na hierarquia, consequentemente julgando o seu grau de autenticidade e declarando que, em termos de uma *teoria sociológica crítica global*, determinado envolvimento religioso é *superior* a outro, *exatamente* como agora afirmamos, por exemplo, que uma resposta moral de estágio 6 é superior à de estágio 4. Além desse estruturalismo de desenvolvimento, também encontraremos atribuições necessárias, apropriadas, porém limitadas, a análises funcionais de sistemas, investigações hermenêuticas e até um tipo de teoria de primitivização, que tentam, por assim dizer, resgatar os momentos de verdade de cada uma das abordagens que comentamos tão sucintamente.

Antes de iniciarmos tal elaboração, necessitaremos de alguma informação de base, especialmente do campo da psicologia transpessoal de desenvolvimento.

2. A hierarquia da organização estrutural

A BASE ORTODOXA

Apresentamos a seguir uma versão muito simplificada, dinâmica e composta dos níveis hierárquicos da organização estrutural, segundo a psicologia ortodoxa de desenvolvimento (incluí alguns do seus correlatos psicológicos orientais para futura referência).

Físico: o simples substrato físico do organismo (o primeiro e mais baixo *skandha* budista; o primeiro e mais baixo chakra yogue; *annamayakosa* no Vedanta).

Sensório-perceptivo: as áreas de sensação (o segundo *skandha*) e de percepção (o terceiro *skandha*) consideradas como pertencentes à mesma esfera; conhecimento sensório-motor simples (Piaget).

Emotivo-sexual: o invólucro da bioenergia, a libido, o élan vital ou prana (o quarto *skandha* no budismo, o *pranamayakosa* no Vedanta; o segundo chakra).*

Mágico: o início das esferas mentais; inclui imagens simples, símbolos e os primeiros conceitos rudimentares, ou as primeiras e mais baixas criações mentais, que são "mágicas" no sentido de que manifestam condensação, deslocamento, confusão de imagem e objeto, "onipotência de pensamento", animismo e assim por diante. Existe também uma falta de perspectivismo, ou incapacidade de adotar claramente o papel do outro. Trata-se do processo primário de Freud, da paleologia de Arieti, do pensamento pré-operacional de Piaget (o terceiro chakra). Correlaciona-se com a moralidade pré-convencional de Kohlberg, os estágios impulsivos e autoprotetores de Loevinger, as necessidades de segurança de Maslow e assim por diante.

Mítico: mais avançado que o mágico, com um princípio de pensamento operacional concreto (Piaget) e de perspectivismo (ou desempenho comum de papéis), porém ainda incapaz do mais simples raciocínio hipotético-dedutivo, consequentemente "mítico" no seu funcionamento (cf. Gebser); a "mente inferior" global (o quarto chakra, o começo do *manomayakosa* no Vedanta e do *manovijnana* no Mahayana). Correlaciona-se com os estágios conformista e conformista-escrupuloso de Loevinger, as necessidades de pertinência de Maslow, a moralidade convencional de Kohlberg e assim por diante. Devido à situação global de *conformidade*, referimo-nos frequentemente a esse nível geral como "filiação mítica".

Racional: o pensamento operacional formal de Piaget (o quinto chakra, o ponto máximo do *manomayakosa* e do *manovijnana*). É a primeira estrutura capaz de pensar não só sobre o mundo mas também sobre o pensar; assim, é a primeira estrutura claramente autorreflexiva e introspectiva, manifestando uma capacidade avançada para o perspectivismo. Trata-se também da primeira estrutura capaz de raciocínio hipotético-dedutivo ou proposicional ("se a, *então* b"), que lhe permite apreender *relacionamentos* mais elevados ou puramente mentais. Correlaciona-se com os estágios conscienciosos e individualistas de Loevinger, a moralidade pós-convencional de Kohlberg, as necessidades de autoestima de Maslow e assim por diante.

A figura 1 indica essas estruturas estagiárias gerais e sua natureza hierárquica.

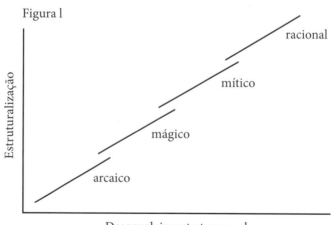

Coloquei um intervalo entre cada estrutura para indicar que são amplamente emergentes ou descontínuas no seu desenvolvimento; ou seja, não podem ser completamente reduzidas a seu(s) predecessor(es) nem explicadas apenas em termos dele(es) – o que veio a se chamar evolução emergente[57] ou desenvolvimento miliário[71] (o que não impede o desenvolvimento contínuo e uniformemente linear *dentro* de cada nível, ou o que se conhece como "desenvolvimento polar"). Cada linha da figura 1 representa evolução; cada intervalo, revolução.

OS NÍVEIS TRANSPESSOAIS

O problema desta seção é: onde se localiza a expressão religiosa na figura 1?

Comecemos observando que existe uma crescente reaceitação, por parte dos estruturalistas de desenvolvimento, da noção dos paralelos filogenéticos/ontogenéticos: a magia paleolítica primitiva assemelha-se no aspecto da estrutura profunda *(não* da superficial) ao pensamento pré-operacional do bebê e do início da infância; as expressões religioso-míticas clássicas assemelham-se quanto à estrutura profunda ao pensamento pré-operacional do final da infância e início do pensamento operacional concreto; e a ciência racional moderna está no topo da hierarquia juntamente com o raciocínio operacional formal e hipotético-dedutivo da transição adolescência/fase adulta.[5, 66, 95, 105]

Assim explica Arieti:[5]

> É de fundamental importância que os [dois] processos sigam em grande parte planos de desenvolvimento semelhantes. Isso não significa literalmente que na psique [...] a ontogenia sintetize filogenia, e sim que existem certas semelhanças nos [...] campos de desenvolvimento e que somos capazes de individualizar esquemas das formas mais elevadas de generalidade [estruturas profundas, por exemplo, como na figura 1] que envolvam todos os níveis da psique nos seus [diferentes] tipos de desenvolvimento.

Se aceitarmos, no momento, que existe alguma verdade nessa ideia – pois creio que certamente há – então depararemos com certos problemas graves quanto à legitimização da consciência religiosa. Quando se julga a figura 1 como não somente um quadro ontogenético mas também filogenético/ideogenético, tem-se uma teoria bastante sofisticada de primitivização religiosa, uma pequena expansão atualizada da lei de três de Comte. Se tratarmos, pois, a religião como uma estrutura entre outras estruturas, e não como algo potencialmente partilhado por todas (investigaremos isso mais tarde), o *crescente desenvolvimento histórico* mostrará claramente uma eventual *religiosidade decrescente*. O homem da era paleolítica possuía uma religião mágica: com culto a totem que expressava a confusão do antepassado humano e animal, rituais do tipo vodu, crenças animistas e assim por diante. Na era neolítica e Idade do Bronze, cultuava-se uma religião mítica clássica: com deuses e deusas controlando os destinos humanos, além de rituais e orações de súplica oferecidos pelos indivíduos a seus pais e mães divinos. Depois, finalmente, ocorreu a revolução da racionalidade (iniciando-se na Grécia c. século VI a.C., passando pelo pensamento iluminista do século XVIII, mas somente hoje começando a apresentar um desempenho estrutural claramente dominante).[105] Essa racionalização crescente provocou uma retração da religião (em qualquer sentido convencional) como cosmovisão difundida e legítima, sendo cada vez mais substituída pelo raciocínio hipotético-dedutivo, pela investigação empírico-analítica e por interesses técnicos, como notaram os sociólogos a partir de Weber.

De acordo com esse esquema, não existe uma estrutura de consciência religiosa altamente desenvolvida, pois a estrutura mais elevada é a racional-científica. Parece não haver outra escolha senão capitular aos teóricos da primitivização, aos psicanalistas e que tais – a religião é *basicamente* uma fixação/regressão primitiva à magia infantil ou ao mito da criança (racionalizada, se necessário). Creio que tal *argumento de desenvolvimento* possa até desarmar a refutação de Bellah ao reducionismo psicanalítico, porque aqui o analista não interpreta o simbolismo religioso em termos de algo estranho à pessoa, mas antes demonstra que o símbolo religioso possui estrutura interna própria que *se insere* na história da estruturalização hierárquica da psique do indivíduo. A análise apenas ajuda a lembrar e reconstituir essa história para que se detecte mais claramente a obscuridade de sua influência. Dizer que isso é reducionismo equivale a dizer que ajudar uma pessoa a passar do estágio de moralidade 3 para o 4, 5 ou 6 é reducionismo.

Existem apenas duas saídas para esse impasse. A primeira é alegar que a evolução filogenética/ideogenética é, de fato, uma involução – que realmente houve no passado um Jardim do Éden histórico e terreal, talvez na Idade do Bronze da religião mítica, e que decaímos progressivamente desde então. Como a evolução é na verdade involução, os *primeiros* estágios são na realidade *superiores*. Para os cientistas empíricos, essa noção poderá parecer um tanto tola, porém quero lembrar ao leitor que eruditos religiosos sensatos e respeitados, como Joseph Campbell[23] e Huston Smith,[86] mais do que apenas se entreteram com essa ideia. Também descobri que, entre os complacentes eruditos da religião, é uma questão de honra acreditar nisso. Contudo, por várias razões, trata-se de um conceito nada convincente para mim, como só poderia ser para alguém que intitulou um livro *Up from Eden*.

A segunda saída para o impasse é admitir a possibilidade de que existem estágios de estruturalização superiores ao pensamento operacional formal. Ontogeneticamente, isso significaria que um indivíduo hoje pode evoluir além das formas exclusivamente racionais de cerebração [*mentation*] para algum estágio ou estágios superiores de consciência ainda não especificados. Filogeneticamente, significa que a evolução ainda continua e a cultura humana, de modo geral, enfrenta níveis adicionais e superiores de estruturalização (r)evolucionária.

Mas a ideia lembra-nos imediatamente Hegel,[45] que considerava que a história eventualmente transcenderia a autoconsciência mental no conhecimento absoluto do espírito como espírito. Temos Aurobindo,[7] que afirmou que a evolução caminha rapidamente para a percepção da supermente; Teilhard de Chardin,[91] que a viu culminar no ponto ômega, ou na consciência de Cristo de um modo geral; e o grande filósofo russo Berdiaev,[15] que chegou à conclusão de que a evolução avança da subconsciência para a autoconsciência e para a superconsciência (suas palavras). Apesar dos exageros de algumas dessas apresentações, importa que o conceito geral da evolução que transpõe seu estágio atual para estruturas reconhecidamente transracionais não constitui noção tão absurda. Observemos o curso da evolução até hoje: de amebas a seres humanos! E se aplicarmos essa relação ameba/ser humano à evolução futura? Ou seja, amebas estão para seres humanos como seres humanos estão para – o quê? É ridículo sugerir que "o quê" possa realmente ser ômega, *geist*, supermente, espírito? Que o subconsciente está para o autoconsciente como o autoconsciente está para o superconsciente? Que o pré-pessoal cede lugar ao pessoal, que por sua vez cede lugar ao transpessoal? Que Brahman não é apenas o *fundamento* da evolução como também a *meta*?

O que se necessita especificamente, contudo, além dessas generalizações, é uma descrição mais precisa do que possam ser os estágios estruturais superiores de consciência. Por várias razões, atentei primeiramente para os sistemas psicológicos do hinduísmo e do budismo à procura de possíveis respostas; mais tarde encontrei repercussões dessas respostas no sufismo, na cabala, no neoconfucionismo, no cristianismo místico e em outras tradições esotéricas. O que me impressionou com relação a essas psicologias tradicionais é que, embora não possuíssem com frequência a sofisticação detalhada das modernas psicologias ocidentais, estavam perfeitamente conscientes das características gerais das estruturas de nível, tão intensamente pesquisadas no Ocidente (ou seja, físico, sensório-motor, emotivo-sexual, mental inferior e lógico-racional). Contudo, essas psicologias sustentaram universalmente que tais níveis de forma alguma esgotavam o espectro da consciência – além dos níveis físico, emocional e mental, havia níveis mais elevados de organização e de integração estrutural.

Por exemplo, o hinduísmo Vedanta afirma que existem seis principais níveis estruturais de consciência.[26] O primeiro e o mais baixo chama-se *annamayakosa*, literalmente o nível formado pelo alimento físico, ou o corpo físico. O segundo é o *pranamayakosa*, o nível da sexualidade emocional (prana equivale quase exatamente a libido). O terceiro é o *manomayakosa*, o nível da mente. Esse nível inclui, além da racionalidade, os "aspectos de sonho" da cerebração; os sonhos, diz Shankara, representam basicamente a satisfação de desejos, formados pelas "fantasias e anseios" da pessoa. O quarto denomina-se *vijnanamayakosa*, cognição mental superior, transracional ou intuitiva, o princípio do verdadeiro *insight* espiritual. O quinto é o *anandamayakosa*, o nível do *insight* extático de iluminação. O estado mais elevado é o *turtya*, ou o próprio Brahman-Atman, embora não seja tanto um nível entre outros níveis, e sim o fundamento, a realidade, ou quididade de todos os níveis (*tathata*, segundo os budistas).

De qualquer forma, empreendi uma leitura explicitamente hermenêutica das grandes psicologias tradicionais do mundo, numa tentativa de analisar e interpretar as unidades estruturais gerais de significado apresentadas nos diversos textos clássicos. Pratiquei o zen-budismo com vários professores por dez anos, de maneira que conheço pelo menos uma tradição "do interior", através da participação empática.

O resultado desse encontro prático e hermenêutico com as psicologias tradicionais foi apresentado no livro *The Atman Project*,[101] embora de forma extremamente sucinta, e sem explicação metodológica. Cheguei à conclusão de que é bem plausível haver estágios mais elevados de organização e de integração estrutural, e que esses estágios manifestam de maneira crescente o que só pode ser chamado de tom espiritual ou transcendental. Chamei esses estágios estruturais superiores, acompanhando a terminologia vedanta, de psíquico, sutil, causal e os níveis finais. Se acrescentarmos à figura 1 esses estágios superiores, obteremos um esquema global experimental do espectro estrutural e do desenvolvimento da consciência (ver figura 2; Brahman – ou Dharmakaya, Kether ou Ente Supremo – é considerado tanto o limite infinito do crescimento, que relacionei com a assíntota, quanto a base sempre presente de todos os níveis de crescimento, que pode ser representada pelo próprio papel, que chamei de "base").

Podemos também desenhar isso como um círculo e depois, mais facilmente, acrescentar as três grandes esferas do desenvolvi-

Figura 2

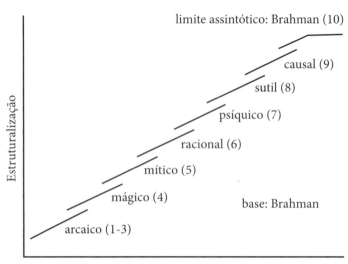

mento – o subconsciente (pré-pessoal), o autoconsciente (pessoal) e o superconsciente (transpessoal) – embora seus alinhamentos exatos com as estruturas específicas sejam, naturalmente, um tanto arbitrários (ver figura 3).

Descreverei de modo muito breve os níveis superiores ou transpessoais, como apresentados nos diversos textos. Ao mesmo tempo, correlacionarei esses níveis com os tipos básicos da *prática esotérica religiosa*, conforme proposto por eruditos espirituais, como Aurobindo,[7] Free John[22] e a tradição Vajrayana.[101]

O *nível psíquico* não se refere necessariamente nem mesmo comumente a eventos paranormais, embora alguns textos afirmem que aí possam ocorrer de forma mais imediata ou controlável. Mais especificamente, o nível psíquico pode ser mais bem compreendido com referência ao nível que o precede, o da operação formal ou do raciocínio proposicional, cuja forma é "se a, então b". O nível psíquico simplesmente trabalha com os resultados da cerebração formal ou atua sobre eles. Ou seja, onde a mente formal estabelece relacionamentos mais elevados ("se a, *então* b"), a cognição psíquica estabelece *entrelaçamentos* desses relacionamentos. O importante é colocar cada proposição ao lado de várias outras, para poder ver, ou "visionar", como a verdade ou a falsidade de qualquer proposição afetaria a verdade ou a falsidade das outras. Tal *lógica* panorâmica ou *visionária* (o termo técnico que emprego para descrever as operações cognitivas desse nível) compreende um entrelaçamento em massa de ideias, como se influenciam, quais seus relacionamentos. Trata-se, de fato, do início da capacidade sintetizadora, de ordem verdadeiramente mais elevada, de efetuar ligações, relacionar verdades, coordenar ideias, integrar conceitos. Culmina naquilo que Aurobindo chamou de "mente superior". "Pode expressar-se livremente em ideias simples, mas seu movimento mais característico é uma ideação maciça, um sistema ou totalidade de ver a verdade num único exame; as relações de ideia com ideia, de verdade com verdade, auto-observadas no todo integral."

Figura 3

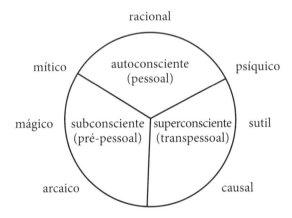

Trata-se, evidentemente, de uma estrutura altamente *integrativa*. Embora possa ser considerada o primeiro e mais baixo dos níveis transpessoais, também pode ser descrita como a última e mais elevada das estruturas pessoais, além da qual encontram-se conjunturas mais transcendentais. Essa estrutura pessoal altamente integrada e a mais elevada correlaciona-se rigorosamente, na minha opinião, com os estágios integrados e autônomos de Loevinger, as necessidades de autorrealização de Maslow, o estágio integrado de Broughton e assim por diante. (Nos sistemas orientais, esse é o sexto chakra, o começo do *manas* e *vijnamayakosa, tipareth* etc.)

Muitos psicólogos ortodoxos já disseram que existe provavelmente um ou mais estágios cognitivos, além do operacional formal. Bruner, por exemplo, acredita que alguns adultos podem evoluir de inteligentes (operacional formal) para inteligentes a respeito da inteligência (ou seja, atuantes sobre operações formais). A estrutura proposta aqui – lógica-visionária – parece atender perfeitamente à finalidade, com a vantagem adicional de entrelaçar-se explicitamente com vários sistemas orientais (conforme expressamente declarado, por exemplo, por Aurobindo, como a citação da página anterior torna claro).

Devido à percepção panorâmica intensa oferecida, nesse nível – ou melhor, em seu estado mais maduro e altamente desenvolvido – o indivíduo poderá começar a vivenciar um *insight* intenso e mesmo a iluminação, iluminação que parece transcender o pensamento para um tipo de visão noética, numinosa, inspiradora, frequentemente enstática e ocasionalmente extática.[7,22] Isso também pode resultar num tipo de consciência cósmica da natureza, ou numa fusão do eu com o universo naturista (que não deve ser confundido com as experiências místicas teístas ou monísticas, como veremos).[7] Os eruditos que dominam tais estados, através da manipulação do corpo e da concentração mental, são normalmente conhecidos como *yogues.*

Isso não quer dizer que todos os que se denominam "yogues" tenham realmente atingido esse nível. Tampouco significa que aqueles que se designam yogues nunca evoluam desse nível. Ocorre apenas que as tradições que se consideram especificamente yogues comumente encarnam e expressam um entendimento que reflete, com maior fundamento, o nível psíquico, como claramente explicou Pree John.[22] Nos termos da psicologia chakra, a disciplina yogue clássica (hatha, kundalini e ashtanga yoga) lida sobretudo com as energias e *insights* que vão do primeiro chakra ou fundamental, na base da espinha, até o sexto chakra ou *ajna*, a "pérola azul", "o terceiro olho", entre as sobrancelhas e por trás delas. O chakra *ajna* é a corporificação da estrutura psíquica conforme descrita aqui. Além desse ponto, a consciência abandona o nível psíquico e entra no sutil.

O nível sutil é considerado a sede dos verdadeiros arquétipos, das formas platônicas, dos sons sutis e das iluminações audíveis (*nada*, *shabd*), do *insight* transcendental e do enlevo.[22, 85, 86, 105] Algumas tradições, como o hinduísmo e o cristianismo gnóstico, afirmam que, de acordo com a compreensão fenomenológica direta, esse nível representa o lar da forma pessoal da divindade (*ishtadeva*, demiurgo, *yidam*), percebido num estado conhecido como *savikalpa samadhi*, no hinduísmo.[26, 86, 117] Acima de tudo, esse é o nível da "mente iluminada" (Aurobindo); o ponto culminante de manas e do *vijnamayakosa*; uma estrutura verdadeiramente transracional (não pré-racional nem antirracional); a intuição no sentido mais elevado e solene (gnose, *jnana*, *prajna*); não o emocionalismo ou significado meramente apreendido de forma corpórea ou "pressentimento" vegetativo-prânico-privativo; a sede de formas e ideias arcangélicas; *bijamantra*, *vasanas*; o início do sétimo chakra (o *sahasrara);* e, naturalmente, o início das *necessidades de autotranscendência* de Maslow.

Os eruditos que dominam as esferas sutis dos halos de verdade e luz, das revelações de canais misteriosos e da comunhão direta da alma com Deus são geralmente conhecidos como *santos*. Mais uma vez, isso não quer dizer que todos aqueles que se denominam santos tenham atingido esse nível nem que alguns santos autênticos não ultrapassem esse nível. Significa apenas que as disciplinas, as práticas e os *insights* das tradições santas tendem principalmente a refletir o nível sutil da organização estrutural. Em termos da psicologia chakra *shabd*, a região sutil começa no sexto chakra ou *ajna*, continua no sétimo ou *sahasrara* e, então, revela vários outros níveis de estruturas cada vez mais sutis segregados dentro e além do próprio *sahasrara*. Os eruditos que dominam tais estruturas sutis – delicadamente simbolizadas (tanto no Oriente como no Ocidente) por halos de luz no topo da cabeça (*sahasrara*) – são normalmente considerados santos. Além dessas revelações santas, contudo, encontra-se o próprio campo causal/final, ou a própria consciência radical e transcendental.

O *nível causal* é considerado a fonte não manifesta ou a base transcendental de todas as estruturas inferiores, que Aurobindo chamava de *overmind*. Ele é percebido num estado de consciência conhecido por diversos nomes como *nirvikalpa samadhi* (hinduísmo), *nirodh* (budismo Theravada), *jnana samadhi* (Vedanta), a oitava das dez gravuras da condução do rebanho (zen). Isso representa o *anandamayakosa* (Vedanta), o *alayavijnana* (Mahayana), *kether* e assim por diante. Ao passar por completo através do estado de suspensão ou enlevo não manifesto, considera-se que a consciência finalmente volta a despertar para sua morada anterior e eterna como espírito, radiante e onipresente, um e muitos, único e total. Esse é o *sahaj samadhi* clássico, o estado-condição de *turiya*, a consciência transcendental e ilimitada como tal, a "supermente" de Aurobindo, a "mente única" do zen, o próprio Brahman-Atman, o *Svabhavikakaya* e outros. No decorrer deste livro considerarei, por conveniência, os "níveis" causal e final como um só – o espírito no sentido mais elevado, não como uma Grande Pessoa, mas como "Fundamento da Existência" (Tillich), "Eterna Substância" (Spinoza), "Geist" (Hegel), a base e a meta do próprio desenvolvimento-revolução.

O nível causal/final não envolve qualquer experiência particular, e sim a dissolução ou transcendência do próprio experimentador, a morte do princípio observador. Ou seja, a dualidade sujeito-objeto é radicalmente transcendida, de forma que a alma não mais contempla a Divindade, torna-se a Divindade, uma libertação que os sufis chamam de Identidade Suprema. Se o sutil é a residência de Deus e a comunhão com Deus, o causal/final é o lar do Ente Supremo e a identidade com o Ente Supremo.[7, 22, 26, 81, 86, 101, 117]

Nesse estágio, assintótico no infinito, a pessoa torna-se radicalmente desprovida de ego, ou livre da sensação de separação do eu, assumindo uma identidade absoluta com toda manifestação, superior ou inferior, sagrada ou profana. Contudo, por ser unânime, único e total, não há nada antagônico a esse estado; então, ele se mostra perfeitamente, radicalmente, paradoxalmente *normal*, como na famosa frase zen: "Como isso é maravilhoso e transcendental! Tiro água, carrego combustível". Os eruditos que atingem essa condição são conhecidos como *sábios*.

Podemos tomar como exemplo da distinção entre santos sutis e sábios causais a epifania de Moisés e a de Cristo.[105] A revelação de

Moisés no monte Sinai possui todas as características típicas de uma percepção do nível sutil: um Outro numinoso que é luz, fogo, *insight* e som (*shabd*). Em nenhum lugar, contudo, Moisés declara-se uno com esse Ser ou idêntico a Ele. Na Índia, aproximadamente na mesma época, um nível semelhante de *insight* religioso manifestou-se nos Vedas. Cristo, por outro lado, afirma que "Eu e o Pai somos um", uma perfeita percepção de nível causal ou átmico. Na Índia, também por essa época, registrava-se uma interpretação semelhante nos Upanishads, onde encontramos declarações causais/finais e equivalentes às de Cristo, tais como: "Vós sois Aquilo", "Este Atman é Brahman", "Eu sou Brahman" e outras, com o pressuposto de que *qualquer pessoa* pode potencialmente alcançar essa identidade suprema, um princípio mantido no cristianismo gnóstico, mas perdido e negado no cristianismo exotérico mítico, onde Cristo foi "empurrado para cima", levando a identidade suprema consigo. De qualquer modo, a diferença entre santos sutis e sábios causais, ou entre as revelações de Moisés e dos Vedas e as de Cristo e dos Upanishads, é essencialmente a diferença entre o *samadhi savikalpa* e o *nirvikalpa*: no primeiro, a pessoa vê o Ser, no segundo, ela se torna o Ser.

O importante é que não só existe uma variedade mas também uma *hierarquia* de experiências religiosas, na qual cada estágio sucessivo – psíquico, sutil, causal – é superior (pelos padrões de desenvolvimento, estrutura e integração) ao seu predecessor, e cada prática correlata – yogue, santa, sábia – é, da mesma forma, intrinsecamente mais reveladora.[105] Esse arranjo e seu impacto na sociologia da religião será explorado nos capítulos 6 e 7. No momento, observemos apenas que esse esquema toma parte decisiva no debate iniciado por Zaehner e que persiste entre os versados em religião.

Zaehner[134] começou assinalando de forma clara e correta que "o que leva o nome de misticismo, longe de ser uma expressão idêntica do mesmo Espírito universal, divide-se em três categorias distintas", a saber: misticismo panen-hênico ou da natureza (por exemplo, Rimbaud, Wordsworth), misticismo monístico (por exemplo, o Vedanta, o zen) e misticismo teísta (por exemplo, o cristianismo). Zaehner empregou, então, essa sistemática numa tentativa de dar ao misticismo teísta uma condição superior à do misticismo panen-hênico e do monístico. Ninian Smart,[134] por outro lado, advoga que as escolas não dualistas de religião (Vedanta, Mahayana etc.), se não superiores, pelo menos não são inferiores ao misticismo teísta, e tenta, consequentemente, rechaçar a posição de Zaehner negando a distinção entre o misticismo teísta e o monístico, embora ele aceite a diferença clara entre eles e o misticismo panen-hênico.

Na minha opinião, ambos estão parcialmente certos. *Existe* distinção entre as experiências místicas panen-hênica, teísta e monística; elas correspondem quase exatamente aos níveis da organização estrutural que denominamos psíquico, sutil e causal. Porém, discordamos estruturalmente de Zaehner e tomamos o partido de Smart: a religião teísta não é superior à monística; na verdade, ocorre exatamente o oposto: a comunhão santa com o espírito é transcendida pela identidade sábia com o espírito. Assim, por exemplo, quando Watts[94] argumenta que o misticismo monístico abrange o teísta, mas não o inverso, ele invoca intuitivamente o princípio da hierarquização que atribui graus de validade abrangente.

Eis, então, uma versão (simplificada) de uma hierarquia global de organização estrutural, que abarca componentes pré-pessoais ou subconscientes, pessoais ou autoconscientes e transpessoais ou superconscientes. A validade dessa esquematização – aliás, a metodologia global de verificação (ou rejeição) de tais elaborações – será explicitamente tratada no capítulo 9. Neste ínterim, podemos *hipotética* ou provisoriamente aceitá-la como válida. Simplesmente *assumiremos* que se trata mais ou menos do caso e veremos se, baseando-nos nessa suposição, ajudamos a esclarecer a psicologia e a sociologia da religião. Nos dois capítulos seguintes, acrescentaremos mais alguns detalhes a esse modelo ou hipótese global. Depois, no capítulo 5, começaremos realmente a interagir a respeito.

3. O indivíduo composto como um elo entre a psicologia e a sociologia

ESTRUTURAS SÃO ESTRUTURAS DE TROCA RELACIONAL

O que torna a esquematização anterior – os cerca de dez níveis da organização estrutural – não apenas relevante para a sociologia mas também de alguma forma incorporada à sociologia é a própria natureza de cada nível. Ou seja, como *Up from Eden* tentou demonstrar, cada nível representa um *processo de troca* com níveis *correspondentes* de organização estrutural no processo mundial de modo genérico, o que faz da sua psicologia também uma psicologia social, como este capítulo mostrará agora.

A título de conveniência, reduzirei o número de níveis de organização estrutural para cinco e empregarei os nomes mais familiares para os ocidentais: matéria (l), corpo (2-3), mente (4-6), alma (7-8) e espírito (9-10). Ora, como cada nível *transcende mas inclui* os seus predecessores, cada estrutura de desenvolvimento envolve, compreende ou *compõe* as anteriores, como o neocórtex reveste o sistema límbico mamífero, que por sua vez encobre o tronco reptilário.[100]

Por esse motivo, e numa tentativa explícita de ligar a psicologia de desenvolvimento e a teoria da evolução com o fundamento filosófico de Whitehead[97] e a Hartshorne,[44] dizemos que o ser humano é um *indivíduo composto* – composto de todos os níveis anteriores de desenvolvimento e completado pelo atual. Potencialmente, então, o ser humano *compõe-se* de matéria, prana, mente, alma e espírito. O corpo material entra em ação no contato com o meio físico-natural; o corpo prânico (emocional), na respiração, no sexo e no sentimento com relação a outros corpos prânicos; a mente, na comunicação linguística com outras mentes; a alma, nos relacionamentos psíquicos e sutis; o espírito, na relação absoluta com e como o Ente Supremo (ou comunhão e identidade com Deus). Ou seja, *cada nível do indivíduo composto age num sistema complexo de relacionamentos, teoricamente livres, com os níveis correspondentes de organização estrutural no processo mundial de modo genérico.*[105]

Além disso, a humanidade reproduz-se efetiva e literalmente em cada nível através de um *intercâmbio* adequado dos elementos desse nível (com níveis correspondentes no mundo de um modo geral). A humanidade reproduz-se fisicamente através da troca de alimento obtido, via trabalho, do meio ambiente natural. Reproduz-se corporeamente (ou biologicamente) através da troca de respiração e sexo. Reproduz-se mentalmente através da troca de educação e comunicação. Reproduz-se espiritualmente (alma e espírito) através da troca/transmissão ao vivo do erudito para o discípulo.[105]

Torna-se, então, evidente que cada nível constitui parte intrínseca de uma corrente deslizante de trocas relacionais, consequentemente representando ele próprio, em seu cerne, uma *sociedade* de trocas ou de relacionamento social. Mesmo o corpo material, o nível mais baixo, desempenha um *processo* de consumo, assimilação e liberação de alimento, e, assim, encontra-se sempre limitado tal como a comunidade dos seus parceiros de troca. A reprodução sexual é evidentemente um intercâmbio relacional. Quanto ao nível mental, Lévi-Strauss (entre muitos outros) estabeleceu claramente que "na matemática, na lógica ou na vida, um símbolo deve ser permutado com outra pessoa; no ato da troca, o símbolo cria e mantém um relacionamento. Desse modo, a palavra 'símbolo' remete-nos ao significado grego original: 'pacto', 'vínculo', 'acordo', 'relação' ou 'elo'".[107] Além disso, os níveis espirituais não incorporam apenas trocas com a divindade, ou com uma comunhão/identidade, e sim com a divindade encarnada no mestre espiritual e na comunidade de parceiros de meditação. Cada nível forma uma sociedade de relacionamentos ou de oportunidades de troca em que o indivíduo *composto* consiste numa sociedade dessas sociedades, irremediavelmente interligado com outros seres humanos nas sociedades *deles*.[105]

A noção da troca relacional expressa-se algumas vezes (redundantemente) no conceito de "impulsos" ou "necessidades". Como cada nível no ser humano *é* um processo de troca relacional com um meio correspondente, o indivíduo tem impulsos que expressam a necessidade por esses diversos meios: necessidades físicas (alimento, água, ar, abrigo), necessidades emocionais (sentimento, contato físico, sexo), necessidades mentais/egoicas (comunicação interpessoal, autoestima reflexiva, significado), necessidades espirituais (comunhão com Deus, profundidade) e assim por diante. É como se existissem níveis de "alimento" ou de "mana" – alimento físico, alimento emocional, alimento mental, alimento espiritual. O crescimento e o desenvolvimento representam simplesmente o processo de adaptação a níveis cada vez mais sutis de alimento, aprendendo-se a digeri-los, com cada estágio de crescimento caracterizado por uma adaptação, específica de fase, a uma espécie particular de alimento. (Voltaremos ao conceito do mana específico de fase no próximo capítulo.)

A questão é simplesmente que, como cada nível estrutural é um processo de troca relacional (ou de necessidades de alimento), ele *necessariamente* se liga aos objetos que "satisfazem" essas necessidades. "Estrutura", "necessidade",[6] "relações entre objetos" são simplesmente três aspectos do processo único de troca que cada nível representa. Retire os objetos de necessidade ou o alimento da estrutura, e retirar-se-á a própria estrutura. Retire o alimento ordinário, e o corpo físico começa a definhar; retire o alimento vital, sentimento ou calor, e o corpo emocional começa a definhar; retire "o alimento do pensamento", a comunicação intersubjetiva ou a troca simbólica, e a mente começa a definhar; retire o alimento transcendental, o relacionamento espiritual ou a graça e a fé, e a alma começa a definhar. Em resumo, a noção de necessidade ou de impulso expressa apenas a necessidade de uma estrutura de estabelecer as correspondentes relações entre objetos, para não perecer.

A DISTORÇÃO DA TROCA RELACIONAL

A natureza evolutiva desses níveis de organização estrutural e de troca relacional (ou necessidades de alimento) deve ser enfatizada, contudo, pois todos esses níveis não *se manifestam* nos seres humanos desde o nascimento. Aliás, o indivíduo aparentemente começa seu crescimento e desenvolvimento ajustando-se ao mundo físico (e seu alimento), então ao emocional (e seu alimento), ao verbal/mental, ao transcendental e assim por diante (até o crescimento parar, conforme o caso). Embora esses desenvolvimentos frequentemente se equiparem ou sobreponham uns aos outros, cada nível forma-se, e apoia-se, sobre o fundamento fornecido pelo plano imediatamente inferior. Entretanto, e na minha opinião, isso não pode ser superenfatizado; apesar de "apoiar-se" no nível inferior, o superior não é por ele causado nem constituído. O plano superior é parcialmente *emergente*, descontínuo, miliário, revolucionário. Surge por intermédio do inferior; vem *através* do inferior, por assim dizer, mas não *a partir* dele, como o pintinho sai da casca do ovo mas não se constitui de casca de ovo. Por exemplo, a mente forma-se *através* da libido, não *a partir* dela.

À medida que o superior começa a surgir, tem que passar através do inferior, pela simples razão que este *já* está ali, já existe. Quando o superior aparece em cena, a cena *é* o inferior ou a dimensão imediatamente abaixo, e, assim, inicialmente um se une e confunde com o outro – a princípio *não se diferenciam*. O crescimento do nível superior representa em parte o processo da transcendência vertical ou *diferenciação* (e depois integração) do nível inferior através do qual passou ao surgir.[101] Assim, por exemplo, antes da idade de aproximadamente um ano e meio, a criança não consegue diferenciar claramente o eu corporal do meio físico; vive num estado de dissociação protoplásmica (Piaget: "O eu é aqui matéria, por assim dizer");[70] o eu corpóreo e o mundo material são amplamente indistinguíveis. Entre as idades de um ano e meio e três, aproximadamente, a criança aprende a diferenciar o eu corpóreo do mundo físico objetivo, permitindo que o corpo transcenda o estado de fusão primitivo-material.[50] Quando a mente simbólica começa a surgir (por volta dos dois anos), inicialmente não se diferencia do corpo em si – a mente e o corpo se fundem e se confundem (o pensamento é fisionômico, como Werner o coloca, ou está contaminado por categorias sensório-motoras, de acordo com Piaget).[95, 70] Somente por volta dos sete anos é que a mente e o corpo começam a se diferenciar, e apenas dos onze aos quinze anos isso se dá nitidamente, e a mente finalmente transcende (mas abrange) o corpo em si.[57, 70] Da mesma forma, quando (e se) a alma eventualmente emerge, ela no início se funde e se confunde com a mente (reveste-se de formas mentais e pensamentos, mas não ainda de suas visões e iluminações intrínsecas) e assim por diante. O importante é que, em cada caso, o superior surge através, ou por meio, do inferior, transcendendo-o somente quando finalmente se diferencia dele. Esse processo de separação/individuação, ou transcendência, caracteriza cada estágio importante de crescimento ou de manifestação.[101] Porém, repetimos: embora o superior venha através do inferior, não vem *do* inferior, sua essência sendo em parte emergente.

Contudo, esse surgimento *através* do inferior pode ter consequências fatídicas, porque um inferior distorcido pode *levar* o superior a reproduzir a distorção no seu próprio domínio, como uma casca de ovo dura ou quebradiça pode prejudicar o pintinho em seu nascimento. Talvez um arranha-céu proporcione uma metáfora melhor neste caso: como o superior provém do alicerce do inferior, apoiando-se nele, uma "inclinação" no primeiro andar tende a causar inclinação semelhante no segundo e assim por diante. O trauma físico pode causar distúrbios emocionais; distúrbios emocionais podem gerar instabilidades mentais; e assim por diante.

Isso, porém, não representa uma causalidade absoluta; não só a distorção inferior é apenas parcialmente passada adiante, como *também o nível superior, em virtude da sua liberdade emergente, frequentemente pode corrigir o desequilíbrio*. Diz-se, então, que uma distorção no inferior *predispõe* (mas não causa) o superior a reproduzir distorções similares, mesmo que amortecidas em sua própria esfera.

Por outro lado, o superior, por transcender parcialmente o inferior, pode *reprimi-lo*. Por exemplo, o sexo não pode reprimir facilmente o sexo, mas a mente pode, simplesmente porque ela é superior na organização estrutural ao sexo e pode, dessa forma, "investir contra" ele.

A repressão, no sentido em que uso esse termo, constitui fundamentalmente um assunto *interior*; ela é instigada pelo eu separado para defender a sua precária noção de existência diante da antiga e sempre temida mortalidade. A repressão não é causada nem instigada pelos outros e ocorrerá, em diversos graus, mesmo nos ambientes mais idílicos, simplesmente porque nenhum cenário está livre, como disse James, da caveira que em breve sorrirá no banquete. Qualquer aspecto do autossistema – sensação, percepção, emoção, cognição – que se torne muito ameaçador, por demais sobrecarregado com culpa mortal, com tabus, será desintegrado, prescrito e banido do sistema. Tal repressão, contudo, não destrói efetivamente a "sombra", apenas a enterra e expressa a sua existência enviando símbolos enigmáticos (o texto oculto) e sintomas perturbadores.[101, 105]

Embora um indivíduo não possa reprimir diretamente outro, pode *oprimi-lo*. Essa opressão acarreta diversas consequências, duas das quais são: (1) rompimento e distorção dos processos e das capacidades de intercâmbio de algum ou de todos os níveis do indivíduo composto (como Marx descobriu com relação à troca *material*, Freud com relação ao intercâmbio *emotivo sexual*, Sócrates com relação à troca *mental* comunicativa e Cristo com relação ao intercâmbio *espiritual*); (2) o eu separado, à medida que tolera (e tenta adaptar e ajustar-se à) a atmosfera desta opressão, pode e irá *internalizar* a opressão originariamente externa. A opressão internalizada conduz, então, a *repressão excedente*, bem superior àquela que o eu elaboraria por si só.[105]

Aqui estão nossas generalizações até o momento: (1) o superior vem *através* do inferior, mas não *a partir* do inferior; (2) um inferior distorcido *predispõe* o superior a reproduzir distorções semelhantes em sua própria esfera, mas (3) não induz absolutamente o superior a reproduzir as distorções (o superior pode até certo ponto amortecer, reverter, corrigir, compensar etc.); (4) o indivíduo pode *reprimir* de modo defensivo ou distorcer internamente, num grau ou noutro, algum ou todos os seus próprios níveis de troca (físico, emocional, mental, espiritual); (5) uma outra pessoa (poderosa) pode *oprimir e distorcer* os níveis de intercâmbio de um indivíduo; e (6) a opressão internalizada significa repressão excedente.

A ESSÊNCIA DE UMA TEORIA CRÍTICA ABRANGENTE EM SOCIOLOGIA

Mostrei noutro lugar como essas generalizações podem ajudar-nos a reconstruir os fundamentos de teóricos como Marx ou Freud sem suas tendências reducionistas.[105] Torna-se evidente, quando observamos os níveis da organização estrutural e da troca relacional do indivíduo composto, que muitos teóricos tomaram *um* nível e tentaram convertê-lo num paradigma. Se tomam um nível superior, como fazem os idealistas, tendem a elevar os níveis inferiores a uma condição nobre que simplesmente não possuem ou a ignorá-los por completo. Ao interpretarmos a história do ponto de vista de Hegel, por exemplo, temos sempre a impressão de que o mundo material poderá, a qualquer momento, evaporar-se. Isso aparentemente incomodou tanto Marx que ele adotou a abordagem oposta mas de puro padrão reducionista: pegue um nível inferior, designe-o como "o único efetivamente real", então reduza a ele todos os níveis superiores, ou pelo menos explique-os em função dele. Não preciso dizer-lhes que Marx transformou o nível material e suas trocas num modelo para *todas* as formas de existência. Freud fez *exatamente* a mesma coisa para o nível imediatamente acima; as energias emotivo-sexuais são *a* realidade, e todo o resto – cultura, ego, mente, religião – configura apenas uma distorção dissimulada da libido. No nível seguinte, encontramos com frequência teóricos que se recusam de forma admirável a reduzir a consciência mental a produtos sexuais ou a meios materiais de produção e, em vez disso, outorgam à mente seu lugar superior e correto no desenvolvimento, mas tendem a negar a validade de esferas superiores à mental, sujeitando-as, então, ao reducionismo padrão – tais "realidades espirituais" são, na melhor das hipóteses, meros símbolos funcionais sem referenciais *reais*. A comunicação torna-se paradigmática para esses teóricos (por exemplo, Habermas), e atribui-se à percepção espiritual direta uma espécie de condição derivada.

É possível, porém, verificar onde esses teóricos *realizaram* contribuições absolutamente decisivas – embora também parciais. Marx, por exemplo, demonstrou de forma compulsiva que, quando o processo de troca econômico-material está oprimido e distorcido, registra-se uma tendência ao surgimento de pensamentos e sentimentos alienados, ou "falsa consciência", sobre essa base distorcida, e que as mais elevadas produções culturais de arte, filosofia e religião transformam-se, assim, como ideologias, em simples servidoras da opressão, cada qual representando, a seu próprio modo, um "narcótico das massas". De maneira semelhante, Freud demonstrou que as distorções emotivo-sexuais inclinavam a consciência mental à esclerose sintomática, bloqueavam o livre fluxo das ideias mentais, e, em geral, estabeleciam outro tipo de falsa consciência na forma de uma fachada ou de um pseudoeu alienado dos aspectos do seu próprio ser (por alienar-se dos aspectos do intercâmbio relacional com *outros*, daí a ênfase atual na teoria das relações-objeto).

Queremos levar todos esses fundamentos conosco, mas sem seu reducionismo. Pois tanto Marx quanto Freud começaram dizendo: "Um inferior distorcido predispõe o superior a distorções semelhantes" (correto); passaram a afirmar: "As distorções do superior originam-se quase inteiramente das distorções do inferior" (errado; originam-se parcialmente, podendo também distorcer-se por razões puramente próprias); depois: "O superior deve, então, originar-se de uma distorção ou frustração do inferior" (ainda mais errado; isso equivale a tornar a dinâmica da repressão/opressão paradigmática para o todo do desenvolvimento); e finalmente: "Se não houvesse frustração no inferior, não haveria *nenhum* superior" (evidentemente absurdo, mas o reducionismo completa-se aqui). Daí a posição ortodoxa marxista de que, quando as trocas materiais forem finalmente comunizadas, *não haverá necessidade* de filosofia, arte, religião e assim por diante; e o correlato freudiano exato postula que, sem a frustração dos impulsos instintivos, a mente nunca surgiria nem evoluiria. Assim, usamos os *insights* válidos de tais teóricos com a segunda generalização; combatemos o seu reducionismo com a primeira e a terceira generalizações.

Minha opinião é que uma teoria sociológica completa, unificada e crítica seria mais bem elaborada em torno de uma análise multidisciplinar detalhada da lógica de desenvolvimento e dos níveis hierárquicos das trocas (psicossociais) relacionais que constituem o indivíduo composto. A teoria seria *crítica* em dois importantes aspectos: (1) adjudicativa com relação a cada nível *superior* da organização estrutural e crítica com relação à parcialidade comparativa do nível inferior; (2) crítica com relação às *distorções* no intercâmbio, quando e se ocorrerem em qualquer nível específico. O último representa uma crítica *dentro* de um nível e exige como corretivo uma autorreflexão sobre as formações históricas que conduziram à distorção na esfera específica, seja econômica, emocional, comunicativa ou espiritual. O primeiro compreende uma crítica *entre* níveis e exige como corretivo um *crescimento* para níveis mais elevados. Um retrata uma emancipação horizontal, o outro, uma emancipação vertical. Nenhum pode ser dispensado – o crescimento até um nível mais elevado não assegura a normalização salutar de um nível inferior, e a cura de um nível mais baixo não produz em si e por si um nível superior. (Voltaremos a esse assunto no capítulo 8.)

No mínimo, então, nossos níveis de análise devem incluir: (1) o nível físico de troca material, cujo modelo é o consumo de alimento e sua extração do meio ambiente natural, cuja esfera é a do trabalho manual (técnico) e cujo analista arquetípico é Marx; (2) o nível emocional do intercâmbio prânico (vital), cujo modelo é a respiração e o sexo, cuja esfera é a das relações emocionais, do sentimento ao sexo e ao poder, e cujo analista arquetípico é Freud; (3) o nível mental da troca simbólica, cujo paradigma é o discurso (a linguagem), cuja esfera é a da comunicação e cujo analista arquetípico é Sócrates; (4) o nível psíquico da troca intuitiva, cujo modelo é o *siddhi* (ou o *insight* psíquico e a lógica visionária de um modo geral), cuja esfera é a kundalini yoga e cujo analista arquetípico é Patanjali; (5) o nível sutil do intercâmbio do Deus-Luz, cujo modelo é a revelação *shabd* e a iluminação sutil (*savikalpa samadhi*), cuja esfera é o "céu" santo

(*Brahma-Loka*, os potenciais estruturais mais elevados da própria individualidade composta da pessoa) e cujos analistas arquetípicos são Moisés/são Paulo/Kirpal Singh; e (6) o nível causal da troca infinita, cujo modelo é a absorção radical no e como o Incriado (*nirvikalpa/ sahaj samadhi*), cuja esfera é o sábio Ente Supremo e cujos analistas arquetípicos são Buda/Krishna/Cristo.[105]

4. Translação, transformação, transcrição

DEFINIÇÕES GERAIS

Antes de aplicarmos finalmente essa teoria geral a assuntos específicos como a sociologia da religião, as novas religiões, os cultos e coisas assim, precisamos de algumas definições técnicas. Se pensarmos, de forma simplista, nos diversos níveis da organização estrutural como andares de um prédio alto (nesse caso, dez andares, o décimo sendo Brahman como o nível mais elevado e o limite assintótico de crescimento, e o prédio em si sendo Brahman como o fundamento de todos os níveis de crescimento), então: (l) cada andar representa uma *estrutura profunda*; (2) os componentes variáveis de cada andar – a mobília, por assim dizer – constituem *estruturas superficiais*; (3) o movimento das estruturas superficiais é chamado de *translação*; (4) o movimento das estruturas profundas, *transformação*; e (5) a relação entre uma estrutura profunda e suas estruturas superficiais, *transcrição*. A translação é o deslocamento da mobília num mesmo andar; transformação, a mudança para outro andar; transcrição, a relação da mobília com cada andar.

Como um exemplo mais preciso, consideremos um jogo de damas ou xadrez. As estruturas superficiais equivalem às diversas peças e aos vários movimentos que elas realizam em determinada partida. A estrutura profunda corresponde às *regras* do jogo, aos padrões que definem as *relações internas* entre as várias partes. As regras ligam uma peça a outra através de relações padronizadas. A estrutura profunda *define o jogo* – podemos alterar as estruturas superficiais, fabricar as peças de barro, plástico ou madeira, e ainda assim teremos o mesmo jogo básico. Pode-se até empregar pedras; basta transcrever as peças de acordo com as regras básicas, ou seja, indicar como cada peça enquadra-se nas regras da estrutura profunda. Essa relação das estruturas profundas com as superficiais representa a *transcrição*. Finalmente, a movimentação em si das peças no tabuleiro, ou a realização de uma jogada, constitui a *translação*.

Contudo, se mudamos a estrutura profunda, alteramos as regras básicas do jogo, que, então, evidentemente não é mais o mesmo. Nós o *transformamos* em algo diferente – talvez em outro jogo de qualidade, talvez em desordem. Às vezes, as pessoas podem pegar peças de um jogo de damas com o respectivo tabuleiro (se não quiserem comprar um jogo completo de xadrez) e transformá-los em xadrez, primeiramente modificando as regras, ou transformando a estrutura profunda, para as do xadrez, e então transcrevendo as peças de damas de acordo com suas funções no xadrez, o que significa marcá-las como torre, rei, peão etc., para finalmente transladar essas novas estruturas superficiais conforme as regras profundas do xadrez.

Observemos que, mesmo nesse simples exemplo, as estruturas profundas em si não se alteram no curso de um jogo, nem são influenciadas pelos movimentos específicos de uma determinada partida. Elas são "a-históricas". As estruturas superficiais, porém, alteram-se, pois cada sequência de movimentos difere de jogo para jogo. O que determina um curso particular de movimentos é a soma dos movimentos anteriores no jogo até então. Ou seja, a jogada seguinte que realizarei em dada partida ocorrerá *dentro* das regras da estrutura profunda, mas será determinada especificamente por todas as precedentes (acrescida do meu julgamento atual sobre esses lances anteriores). As estruturas superficiais, em outras palavras, são *historicamente condicionadas* – não totalmente causadas, mas definitivamente moldadas, até certo ponto, por estruturas superficiais anteriores.

Trata-se de um pequeno exemplo de um postulado global referente aos níveis básicos da organização estrutural: até onde surgiram, as estruturas profundas da consciência (como apresentadas na figura 2) são relativamente a-históricas, coletivas, invariáveis e aculturadas, enquanto suas estruturas superficiais são sempre variáveis, historicamente condicionadas e culturalmente moldadas.[105] Assim, por exemplo, a estrutura profunda da mente operacional formal é, até onde sabemos, idêntica onde quer que se manifeste, porém as formas superficiais em si dessa mente – seus sistemas particulares de crença, ideologias, linguagens, costumes e assim por diante – são diferentes em toda parte, amplamente moldadas pela cultura na qual essa própria mente se desenvolve.[70]

Esse postulado (ou melhor, conclusão experimental) assemelha-se à gramática-universal/semântica-cultural-específica de Chomsky,[24] porém não se restringe aos níveis mentais/linguísticos; ao contrário, diz respeito a todos os níveis da organização estrutural básica (por exemplo, a estrutura profunda do corpo físico é idêntica em todo lugar – 208 ossos, dois rins, quatro membros, um coração etc. –, mas as atividades superficiais desse corpo – as formas admissíveis de jogo, trabalho, esportes etc. – diferem de cultura para cultura; o mesmo acontece com os níveis emocional, sutil, causal e outros da organização estrutural). A ideia em si extraiu seu ímpeto inicial do trabalho de Jung sobre arquétipos como "formas desprovidas de conteúdo"[53] (ver, porém, Wilber[102]) e foi sustentada pelas investigações culturais cruzadas relacionadas aos trabalhos de Piaget, Kohlberg, Werner e outros. Deve-se observar em especial que essa conclusão também, e expressamente, se aplica às estruturas profundas e superficiais dos três estágios da experiência místico-religiosa (psíquica, sutil, causal), porquanto recorreremos a esse ponto no capítulo 7.

A FUNÇÃO DA TRANSLAÇÃO: MANA E TABU

O desenvolvimento ou o crescimento, então, parece ocorrer em duas dimensões primárias: horizontal-evolucionária-histórica e vertical-revolucionária-transcendental, ou, em resumo, translativa e transformativa. O crescimento horizontal ou translativo consiste num processo de transcrever, preencher, "dar substância" às estruturas superficiais de um determinado nível; ou seja, assumir a responsabilidade pela troca relacional das estruturas superficiais, que constitui a própria linha da vida ou "alimento" desse nível, um processo que precisa ocorrer se esse nível e a sociedade dos seus parceiros recíprocos de troca tiverem que se reproduzir tanto de momento a momento (ou individualmente) como de geração a geração (ou coletivamente). A transformação, por outro lado, é um deslocamento vertical, uma reorganização revolucionária de elementos anteriores e o surgimento de novos. Trata-se de um sinônimo de *transcendência*, embora esta não se restrinja aos níveis superiores da consciência (apesar de aí ocorrer regiamente), mas antes refira-se ao fato de *cada* nível sucessivo transcender ou ultrapassar seu(s) predecessor(es): o mito transcende a magia, a razão transcende o mito, a alma transcende a razão, o espírito transcende a alma.[101]

A translação desempenha, aparentemente, uma função principal: integrar, estabilizar e equilibrar um dado nível; a transformação também, para todos os efeitos, possui uma função principal: transcender um dado nível. Essa dialética de tensões parece constituir em grande parte a dinâmica do desenvolvimento.[95, 102] Nesta seção, vamos concentrar-nos em sua dimensão translativa.

A principal função da translação – integrar, estabilizar e equilibrar um dado nível – parece apresentar duas facetas básicas, que chamamos de *mana* e *tabu*.[105] O mana relaciona-se com o "alimento" de cada nível: por exemplo, alimento físico, alimento emocional (amor, sentido de pertinência), alimento mental (símbolo, verdade), alimento espiritual (iluminação, *insight*). A translação dedica-se a assegurar o mana-alimento do seu nível particular através, naturalmente, dos processos de troca relacional (recepção, assimilação e liberação), pois o mana-alimento consiste exatamente naquilo que é trocado nesses processos. Além disso, parece que essa translação do mana, em virtude desse relacionamento *necessário* na sociedade de parceiros de troca, e também como tal, estabelece e constitui, em todas as suas formas específicas de fase, a "cola" que une a sociedade em que a troca ocorre. Tendo isso em mente, e em qualquer nível estabelecido, definimos um "bom mana" como aquele que é integrativo, saudável, legítimo e intrinsecamente aglutinante, tanto dentro das fronteiras do indivíduo particular como entre as fronteiras de indivíduos no processo de intercâmbio de um modo geral. O "mau mana", pelo contrário, é menos integrativo ou até desintegrativo com relação ao nível específico.

Propomos também que, além do bom e do mau mana dentro de determinado nível, existem formas superiores e inferiores de mana entre os níveis. Ou seja, cada plano progressivamente mais elevado de organização estrutural parece ter acesso a um mana progressivamente mais elevado, ou a um alimento-verdade superior. Isso não nega, contudo, a validade relativa e *específica, de fase* das verdades inferiores; tampouco, em si e por si, garante a estabilidade integrativa para o nível superior, uma vez que o mau mana de um nível mais elevado é com frequência menos integrativo do que o bom mana de um nível inferior. Porém, o potencial para uma verdade e uma integração mais elevadas está definitivamente presente, de forma que em termos comparativos dizemos, por exemplo, que a ciência é mais verdadeira do que o mito, assim como a iluminação santa é mais verdadeira do que a ciência, mas todos atendem às suas funções necessárias e específicas de fase e proferem verdades suficientemente adequadas. O crescimento vertical representa uma série de adaptações específicas de fase em níveis cada vez mais elevados de alimento, mana, verdade, ao passo que o crescimento horizontal corresponde a um processo de aprender a digerir (entrada, assimilação, liberação) o alimento em seu próprio nível.

Com relação à faceta tabu da translação, vinculei explicitamente meus argumentos aos de Bank,[74] Becker[10] e Brown,[19] embora mais uma vez tenha evitado o que considerei elementos reducionistas em suas teorias. Suas posições são basicamente existenciais; tratam do impacto do medo da morte sobre a psique individual e as tentativas resultantes de lidar com o terror da mortalidade, ou de negá-lo.

A *morte*, eles afirmam, é o tabu fundamental, o terror fundamental, a ponto de despertar o eu separado para sua própria existência, e nessa medida o terror-angústia é *inerente* ao eu. ("A arquiansiedade essencial, básica, é inata a todas as formas isoladas, individuais, da existência humana. Na ansiedade básica, a existência humana sente *medo de*, bem como *ansiedade por* 'estar no mundo'.") Assim, não existe absolutamente qualquer maneira de evitar esse terror exceto pela repressão ou algum outro mecanismo defensivo ou compensatório. A angústia não é algo de que o eu sofra; é algo que o eu *é*.

As psicologias tradicionais – o hinduísmo e o budismo, por exemplo – concordam perfeita e explicitamente com essa afirmativa (Buda é encarado por muitos estudiosos, inclusive por mim, como aquele que forneceu a afirmação existencial e análise dos estados humanos: *anicca, anatta, dukhka* – transitório, abnegado, de dor). Onde existe o eu, existe o tremor; onde existe o outro, existe o medo. Contudo – e é aqui que as tradições transcendem o mero existencialismo – essas psicologias afirmam que se pode superar o medo e o tremor transpondo o eu e o outro; ou seja, transcendendo o sujeito e o objeto em *satori, moksha*, a identidade suprema.

Essas tradições, porém, também afirmam que a grande liberação só ocorre, enfim, no nível sábio da adaptação causal/final.[22, 28, 105] Todos os estágios inferiores, por mais extáticos ou visionários que possam ocasionalmente ser, ainda são assediados pela disposição primordial do ego, caracterizada pela aversão à morte. Mesmo os santos, de acordo com os sábios, devem também abandonar a alma, ou a sensação do eu separado, o que os impede de alcançar a absoluta identidade com, e como, o Ente Supremo.[22] Como a sensação do eu separado forma-se muito cedo no processo de desenvolvimento – uma série primitiva de núcleos de ego surge em questão de meses após o nascimento[17] – e como ela não se expande antes do nível sábio da adaptação estrutural, ocorre que todos os níveis de desenvolvimento, desprovidos da grande liberação, caracterizam-se pelo eu separado. Este *é* uma forma retraída de angústia; especificamente, um medo da própria morte ou da não existência.

Foi Otto Rank[73, 74] que imprimiu a característica psicodinâmica essencial a esse estado de coisas. O eu separado, segundo ele, defrontado pelo tabu fundamental da mortalidade, é obrigado, para alcançar um pouco de estabilidade (equilíbrio translativo), a fechar os olhos à própria possível não existência. Em síntese, reprime a morte. ("A consciência da morte é a repressão primária, não a sexualidade", como afirmou Becker.[10] Um dos resultados disso, ou um dos modos efetivos de fazer isso, de acordo com Rank, consiste na criação de uma série de *símbolos de imortalidade*, os quais, através da *promessa* de transcender a morte, atenuam o frio paralisante que, caso contrário, congelaria as ações do eu.

Assim sendo, a translação lida não somente com o mana mas também com o tabu, o tabu básico da morte, embora um tabu que assume formas diferentes e específicas de fase, em cada nível. A partir desse ângulo, as criações psicoculturais podem ser consideradas (em parte) *sistemas codificados de negação da morte* (digo "em parte" porque, na minha opinião, trata-se de meia verdade; a outra parte é a acumulação do mana). Foi o gênio de Rank que percebeu que não apenas a mágica e o mito mas também as criações *racionais* e as crenças puramente lógicas também eram projetos de imortalidade. Eram criações que, ao aspirarem a um certo grau de verdade, aspiravam a um certo grau de durabilidade, e, ao aspirarem à durabilidade, reivindicavam a esperada imortalidade ("minhas ideias continuarão…"). Desse ângulo, a cultura – mesmo a cultura racional – é o que um eu separado faz com a morte: o eu que está fadado somente a morrer, e o sabe, e passa a vida inteira (consciente ou inconscientemente) tentando negá-lo, através tanto da manipulação da própria vida subjetiva como da criação de objetos culturais e princípios conceituais "permanentes" e "eternos" como símbolos exteriores e visíveis de uma imortalidade interior e esperada.

Não repetirei todo o raciocínio de Rank, Becker ou Brown, nem minha reformulação dos seus fundamentos. Tomarei, em vez disso, um simples resumo de Becker: "O homem, desde o início, não pôde conviver com a perspectiva da morte […] O homem construiu símbolos culturais que não envelhecem nem degeneram para acalmar seu medo do derradeiro fim. Essa maneira de enxergar as realizações do homem fornece uma chave direta para a revelação da história. Podemos ver que o que as pessoas desejam em qualquer época é um modo de transcender seu destino físico, elas querem garantir algum tipo de duração indefinida, e a cultura supre-as com os necessários símbolos ou ideologias de imortalidade; as sociedades podem ser consideradas estruturas do poder de imortalidade".

Em *Up from Eden*, tentei mostrar algumas formas específicas de fase de tal negação da morte. Pode ser a imortalidade prometida pelo ritual mágico: "Onde existe magia, não há morte",[23] como Campbell resumiu a religião paleolítica. Pode ser a imortalidade prometida pelo mito: "Ser um favorito dos deuses, ser um imortal", como Becker[11] sintetizaria a religião mítica clássica. Pode ser a imortalidade prometida pela razão: "O deus do próprio pensamento", disse L. L. Whyte,[98] "que, como recompensa, promete a imortalidade". Parece até haver uma forma muito sutil de imortalidade projetada nos domínios da alma: o último remanescente do eu separado intui o Ser eterno e, então, confunde essa eternidade com uma *duração perpétua* ou uma sensação do eu *permanente* ("sua alma imortal", que não é nada disso; os textos Mahayana sempre advertem os praticantes a não confundirem o *alaya*-causal com uma alma permanente).[88] Fato é que, até a liberação final – se é que isso existe de fato – permanece alguma espécie de projeto de imortalidade. Esses projetos tornam-se cada vez menos compensatórios em cada nível mais elevado da organização estrutural, porém nunca são totalmente extintos até a própria sensação do eu separado extinguir-se. Antes disso, a vida permanece uma batalha do mana versus o tabu.

Em resumo, a função da translação é integrar, estabilizar e equilibrar o seu nível atual assegurando o mana e evitando o tabu no processo do intercâmbio relacional. Essa função assume evidentemente formas diferentes em níveis diferentes, porém a função em si está presente em todos os níveis (invariante funcional, segundo Piaget). Juntamente com as estruturas profundas fundamentais, e a invariante funcional transformativa, essa capacidade parece constituir parte do *mecanismo natural* do autossistema (cf. "mecanismo inato" ou "matriz não diferenciada" de Hartmann).[42]

TRANSFORMAÇÃO: MORTE E RENASCIMENTO EM CADA NÍVEL

Ao atentarmos para o desenvolvimento vertical ou transformativo, torna-se um pouco mais evidente o que está em questão: para um indivíduo passar para o nível superior seguinte, ele deve, na verdade, aceitar a *morte* do atual nível de adaptação, ou seja, cessar uma identidade *exclusiva* com esse nível. Assim, por exemplo, para progredir até o mito operacional, a criança tem de renunciar a, ou morrer para, uma sujeição exclusiva aos desejos mágicos; para atingir a ciência racional, ao adolescente cabe abandonar um apego exclusivo aos resultados míticos; para chegar à adaptação yogue, o adulto deve renunciar à racionalidade isolada/linear e submetê-la a uma lógica visionária mais ampla; e assim por diante.[101]

Em cada caso, somente quando *suficientemente forte para morrer em determinado nível* é que o eu pode *transcender* esse nível, ou seja, passar para o nível superior seguinte de verdade específica de fase, de alimento, de mana. À medida que o eu identifica-se com o novo nível e começa a adaptar-se ao seu alimento-mana, *então* enfrenta o medo de morrer *nesse* e *para esse* nível, e os seus processos translativos entram em ação para proteger a nova versão da mortalidade perpétua que de outro modo paralisaria o movimento do eu. O *novo* eu adapta-se à nova verdade-mana, enfrenta um *novo* outro e, consequentemente, sofre novo jugo da morte, elabora novas medidas de defesa e, entre outras coisas, cria novos projetos de imortalidade.[105]

O desenvolvimento, nesse sentido, representa uma série de projetos de imortalidade progressivamente abandonados através do abandono progressivo das camadas do eu que esses projetos destinavam-se a proteger, dessa forma ascendendo simultaneamente a novos níveis de alimento, verdade e mana específicos de fase. *Cada* transformação é um processo de morte e renascimento: morte para o nível antigo e renascimento para o nível recém-manifesto. Além disso, de acordo com os sábios, quando todas as camadas do eu tiverem sido transcendidas – e todas as mortes consumadas –, o resultado será apenas Deus na Verdade final, e um novo Destino, além-destino, ressurgirá do fluxo da consciência.

5. Alguns empregos da palavra "religião"

Uma das grandes dificuldades que envolvem a análise da religião – sua sociologia, sua possível universalidade, suas dimensões "civis" – é que ela não possui um significado único. Na minha opinião, há pelo menos uma dúzia de significados diferentes, importantes e amplamente exclusivos, que desafortunadamente nem sempre, ou mesmo em geral, encontram-se diferenciados na literatura. Indicarei alguns possíveis (e efetivos) empregos da palavra "religião" e meu parecer sobre o que cada um encerra. Pretendo mostrar que todos os usos são suficientemente legítimos – somos livres para definir a religião da forma como desejarmos – porém *temos de especificar esse significado*. Verificaremos, contudo, que muitos eruditos têm em mente várias definições implícitas mas com frequência muito diferentes e escorregam por entre esses empregos de modo a gerar pseudoconclusões. Enumerarei essas definições religiosas e referir-me-ei posteriormente a elas como dr-1, dr-2 e assim por diante.

RELIGIÃO COMO ENVOLVIMENTO NÃO RACIONAL

Isso possui ao mesmo tempo conotações positivas e negativas. Para os teólogos, significa que a religião lida com aspectos válidos porém não racionais da existência, tais como fé, graça, transcendência, *satori* etc. Para os positivistas, significa que a religião não é um conhecimento válido, podendo ser "significativa" para os seres humanos de um modo emocional, embora não represente uma cognição real.

Esse emprego reflete-se em geral no senso comum. A maioria

das pessoas diria intuitivamente que o vodu mágico é um tipo de religião, apesar de primitivo, e que os deuses míticos são certamente religiosos, embora talvez não muito "sérios". Diriam também que o que os yogues, santos e sábios fazem é certamente religioso. Mas e a ciência da racionalidade? *Isso* não é religioso. Esse uso global afirma que a religião não se dá tanto em todos os níveis, e sim em níveis particulares e especificamente naqueles não racionais-científicos em si. Para aqueles a favor da religião, essa definição implica que a religião é algo com que se pode envolver; para os contra, algo que se espera superar. Em qualquer dos casos, é não racional; pertence a uma dimensão estranha à razão, ou pelo menos aí se origina.

RELIGIÃO COMO ENVOLVIMENTO EXTREMAMENTE SIGNIFICATIVO OU INTEGRATIVO

Segundo este conceito, a religião não é algo que ocorra em dimensões ou níveis especificamente não racionais, mas uma atividade funcional específica em qualquer nível, uma atividade que busca significado, integração etc. Na minha opinião, esse emprego na verdade reflete a procura de cada nível pelo mana – a procura por significado, verdade, integridade, estabilidade e relacionamento sujeito-objeto (troca). Como a translação do mana, conforme vimos, deve ocorrer em cada nível de organização estrutural, então o fato de esse nível parecer "religioso" ou "secular" não importa; é religioso, ou busca o mana, por essa definição.

Tal utilização também se reflete no senso comum. Assim mesmo o indivíduo típico que afirma inicialmente que os mitos, santos, sábios e que tais são religiosos, mas a ciência *não*, em geral entenderá o que se quer dizer com: "A ciência foi a religião de Einstein". Os fãs de *Jornada nas estrelas* [*Star Trek*] dirão: "A lógica é a religião de Spock". Nesse caso, até as atividades puramente racionais são consideradas religiosas, porque, na minha opinião, estão, como todos os níveis, à procura do seu mana específico de fase, e essa busca do mana – em *qualquer* fase, alta ou baixa, sagrada ou profana – é naturalmente compreendida como religião.

Observemos que, embora tanto dr-1 como dr-2 representem noções aceitáveis, são bastante diferentes, quase contraditórias, e a menos que especifiquemos a qual nos referimos, ocorrerão certos paradoxos e conclusões falsas. Por exemplo, dr-1 nega a religião secular, dr-2 exige-a; dr-1 nega a ciência como religião, dr-2 aceita-a (ou a possibilidade). Ambas são aceitáveis, desde que compreendamos que, por trás da palavra "religião", existem diferentes funções. Com frequência o senso comum usará os dois significados sem especificá-los, criando assim um pseudoparadoxo. A pessoa poderá dizer: "O senhor Jones não vai à igreja; ele não acredita em religião – o dinheiro é a sua religião".

RELIGIÃO COMO PROJETO DE IMORTALIDADE

Isso empregando-se o termo técnico anteriormente introduzido, porém o termo efetivo não precisa ser invocado. A ideia é simplesmente que a religião incorpora fundamentalmente uma crença regida pela vontade, defensiva e compensatória, criada para aliviar a insegurança e a ansiedade. Esse significado aplica-se comumente à teologia, mas também é usado para atividades racionais e seculares, como quando Becker afirma que o marxismo é a religião soviética, referindo-se não apenas à busca do mana (dr-2) como também à negação da morte. Isso pode ocorrer, como vimos, em qualquer nível e simplesmente reflete a fuga ao tabu inerente a esse nível. Nessa função específica, a *ciência* faz pelo ego racional exatamente o que o *mito* faz pelo ego da criança e a *mágica* pelo ego infantil – ajuda a ocultar a apreensão com relação à mortalidade inescapável e final fornecendo um sistema de crenças em que "se agarrar". Isso parece ser especialmente verdadeiro com relação a "cienticistas", ou seja, cientistas cuja religião dr-2 (religião mana) é a própria ciência. Descobri que, quando as circunstâncias assim o exigirem, eles defenderão sua visão de mundo exclusivamente racional com uma paixão vibrante, tão impregnada com a esperada imortalidade quanto a de um pregador fundamentalista exaltado. O ponto fundamental é simplesmente que cada nível (exceto o último) tende a criar algum tipo de projeto de imortalidade como parte das suas necessárias estruturas de defesa, e esse emprego da religião simplesmente se harmoniza com essa função específica (embora, tipicamente, a maior parte das pessoas que usam essa definição negue a existência de qualquer outra).

RELIGIÃO COMO CRESCIMENTO EVOLUTIVO

Trata-se de um conceito sofisticado que sustenta que toda evolução e história representam um processo de autorrealização crescente, ou a superação da alienação através da volta *do* espírito *para* o espírito *como* espírito. Hegel por exemplo, ou Aurobindo, adotavam esse conceito. Nesse sentido, a religião constitui efetivamente um termo para o impulso transformativo em geral. O ímpeto religioso aqui significa não a procura por significado, integração, mana ou valor *num* determinado nível (dr-2), e sim a morte para esse nível como um todo, de forma a encontrar estruturas cada vez *mais elevadas* de mana-verdade, resultando na própria adaptação da percepção de Deus.

RELIGIÃO COMO FIXAÇÃO/REGRESSÃO

Já analisamos este uso; a única coisa a acrescentar aqui é que esse significado difere de dr-1 apenas por ser mais específico e sempre depreciativo. A religião não é não racional, é pré-racional, e isso esgota as alternativas. Trata-se da teoria padrão da primitivização: a religião é ilusão, magia e mito infantis.

RELIGIÃO EXOTÉRICA

Refere-se em geral aos aspectos inferiores, exteriores e/ou preparatórios de qualquer religião que possua aspectos de ensinamento e prática mais elevados, interiores e/ou avançados. É normalmente uma forma de sistema de *crenças* usado para invocar ou apoiar a *fé*, sendo ambos preparatórios para a *experiência* e a *adaptação* esotérica (ver o capítulo 6 para essas definições). Se uma religião carece por completo de uma dimensão esotérica, então essa religião é geralmente identificada como exotérica (sendo o ponto de comparação as dimensões esotéricas de outras religiões).

RELIGIÃO ESOTÉRICA

Refere-se aos aspectos mais elevados, interiores e/ou avançados da prática religiosa, com a condição de que tais práticas culminem numa experiência mística, ou pelo menos a tenham como meta.

(Para as duas definições seguintes, precisamos de uma explicação preliminar. Quando um autor define a religião, automaticamente estabelece alguns critérios para uma religião "mais válida" ou "menos válida", simplesmente porque uma vez especificada a função da religião, existem sempre casos melhores e piores. Contudo, a natureza desse "melhor ou pior" depende da definição anterior e fundamental que o autor dá à religião. Se dr-1 for usada – a religião como uma dimensão ou esfera não racional, o que, no caso, significa uma esfera mais elevada –, então a religião válida, ou mais válida, significa implícita ou explicitamente entrar em efetivo contato com esses níveis mais elevados e autênticos. Por outro lado, se dr-2 for utilizado – a religião como procura pelo mana em *qualquer* nível –, então a religião válida ou mais válida não significa vivenciar um nível específico, e sim encontrar o mana genuíno no nível atual da pessoa. Trata-se evidentemente de dois significados totalmente diferentes de "válido", que apresenta uma dificuldade semântica crônica raramente reconhecida na literatura. Consequentemente, não tenho escolha exceto empregar duas palavras diferentes – "autêntico" e "legítimo" – para especificar esses dois significados de "válido".)

RELIGIÃO LEGÍTIMA

Constitui a religião que essencialmente *valida a translação;* em geral fornecendo um "mana bom" e ajudando a evitar o tabu, ou seja, proporcionando unidades de significado por um lado e símbolos de imortalidade por outro. Se um autor (implícita ou explicitamente) define a religião como uma integração significativa de determinada visão de mundo ou nível (dr-2), então a religião *mais integrativa* (dentro dessa visão de mundo ou nível) vem implícita ou definida pelo autor como a mais válida. Nesses casos, como nos referimos a dr-2 de um modo geral como religião de mana, citamos suas formas mais válidas como legítimas ou religião do "mana bom".

Ocorre uma *crise na legitimidade* sempre que o mana e os símbolos de imortalidade predominantes falham em suas funções integrativas e defensivas. Isso pode acontecer nos níveis inferiores da religião mítico-exotérica (por exemplo, as encíclicas do papa sobre a reprodução humana, baseadas que são nas noções biológicas tomistas/aristotélicas, há muito ultrapassadas, perderam a legitimidade perante muitas pessoas), nos níveis intermediários da religião racional--secular (por exemplo, o modelo newtoniano como visão de mundo perdeu sua legitimidade) e nos níveis superiores da religião mística (por exemplo, o budismo Mahayana perdeu sua legitimidade na Índia, sendo substituído pelo Vedanta de Shankara). Em cada caso, a religião na função dr-2 simplesmente não fornece uma integração suficientemente significativa, por um lado, ou um suficiente poder de imortalidade, por outro, e desse modo perde sua legitimidade, ou a capacidade de validar a translação.

Corolário: "Grau de legitimidade" refere-se ao grau relativo de integração, significado/valor, mana bom, facilidade de funcionamento, fuga ao tabu e outros dentro de qualquer nível determinado. Eis uma *escala horizontal*; "mais legítimo" quer dizer mais integrativo/significativo dentro desse nível.

RELIGIÃO AUTÊNTICA

É a religião que fundamentalmente *valida a transformação* para um nível de dimensão específico considerado o mais religioso em seu cerne. Quando um autor (implícita ou explicitamente) define a religião como um nível de dimensão específico da existência (dr-1), a religião que contata de modo mais completo ou preciso esse nível de dimensão é implícita ou definida pelo autor como a mais válida. Nesses casos, uso o termo "autêntico" ou "mais autêntico" para indicar "mais válido".

Uma *crise na autenticidade* ocorre sempre que uma visão de mundo (ou religião) predominante defronta-se com desafios de uma outra de *nível superior*. Isso pode acontecer em qualquer plano, sempre que um nível novo e mais elevado (ou sênior) começa a surgir e ganhar legitimidade. A nova perspectiva de mundo encarna um poder transformativo novo e mais elevado, assim desafiando a antiga, não apenas com relação à legitimidade mas também quanto à própria autenticidade.

Corolário: "Grau de autenticidade" refere-se ao grau relativo de transformação efetiva, liberado por determinada religião (ou cosmovisão). Eis uma *escala vertical*; "mais autêntico" significa mais capaz de atingir um nível superior (e não apenas de integrar o nível atual).

Um autor é, naturalmente, livre para especificar a natureza do que é fundamentalmente religioso ou de esfera superior. No que me diz respeito, trata-se dos níveis psíquico, sutil, causal e final da organização estrutural e do intercâmbio relacional. Ocorre que, para mim, religião autêntica é qualquer teoria e prática que conduza a uma manifestação genuína dessas esferas, e a uma eventual adaptação a elas (com a compreensão adicional de que a religião causal é mais autêntica do que a sutil, por sua vez mais autêntica do que a psíquica). Usarei ocasionalmente o corolário "grau de autenticidade" num sentido mais livre, com o significado de grau de estruturalização de desenvolvimento *em geral* (por exemplo, o mito é mais autêntico do que a magia, a razão é mais autêntica do que o mito, a visão é mais autêntica do que a razão etc.). Entretanto, quando me refiro a religiões autênticas em si, falo das que alcançaram um grau de estruturalização que está na fronteira do superconsciente ou além dela (ou seja, psíquico ou mais elevado). Assim, a magia, o mito e a razão podem ser (e com frequência são) religiões *legítimas* e ocasionalmente *expressar* um *insight* religioso autêntico através da experiência culminante (ver capítulo 6). Porém, em nenhum dos casos representam a fonte do *insight* religioso *autêntico*, que, para mim, é sempre e expressamente *transracional*, não apenas racional e certamente não pré-racional.

Observemos que, em termos muito genéricos, qualquer religião (ou cosmovisão) pode ser avaliada com relação ao seu grau de validade em duas escalas diferentes e independentes: o grau de *legitimidade* (escala horizontal; grau de suavidade e integridade *translativa*, medido com relação à capacidade potencial do próprio nível especificado) e o grau de *autenticidade* (escala vertical; grau do poder *transformativo*, medido pelo grau de estruturalização hierárquica apresentado pela transformação). Assim, por exemplo, há situações onde a magia, em seu potencial *total* (digamos, em algumas sociedades paleolíticas), era tão *legítima* quanto o mito em seu potencial total (digamos, em algumas sociedades da Idade do Bronze), porém o mito era mais *autêntico* (encarnando um nível superior de organização estrutural). Se nossa escala de legitimidade for de 1 a 10 (grau de utilização do potencial mana-integrativo do nível especificado) e a de autenticidade também de 1 a 10 (representando os dez níveis de estruturalização fornecidos na figura 2), então nesse exemplo as classificações seriam (10, 4) e (10, 5), respectivamente. Apresentamos a seguir outros exemplos mais comuns:

O maoísmo possui (ou melhor, possuía) um grau razoavelmente elevado de legitimidade mas muito medíocre de autenticidade. Era uma religião (ou cosmovisão) *legítima*, visto que aparentemente integrava grandes grupos de pessoas, oferecia solidariedade social e uma medida de valor de significado e impedia uma boa quantidade de tabu proporcionando a ideologia de imortalidade de uma revolução do povo que nunca terminava e nunca morria (uma classificação de legitimidade de, digamos, 8-9). Não era muito *autêntica*, entretanto, porque oferecia adaptação somente nas, ou às, esferas mítico-racionais (5-6); não importa o que se diga, o maoísmo não produziu uma percepção superconsciente de, nem uma adaptação a, apenas Deus. Portanto: maoísmo (8-9, 5-6). (Observe-se que hoje em dia o maoísmo perdeu sua legitimidade na China; a "revolução cultural" e suas consequências representaram exatamente uma *crise de legitimidade*, conforme anteriormente definido.) O marxismo-leninismo soviético, por outro lado, é tão não autêntico quanto o maoísmo (5-6), pelas mesmas razões (não produz transformação psíquica, sutil ou causal), mas também parece possuir um grau menor de legitimidade (digamos, 4-5) do que o maoísmo no seu apogeu, porque o seu mana e os seus símbolos de imortalidade tiveram que se apoiar em bengalas um tanto grandes.[3] Desse modo, temos exemplos de mais ou menos legítimos/não autênticos (8-9, 5-6) e ilegítimos/não autênticos (4-5, 5-6). (Para que o meu julgamento não pareça inclinado ao capitalismo americano-protestante, acrescentarei rapidamente que, na minha opinião, a "religião civil" americana – uma mistura de mitos exotéricos, protestantes e bíblicos com símbolos de imortalidade nacionalísticos – possui essencialmente as mesmas classificações de legitimidade e autenticidade do maoísmo. O fato de essa religião civil ter enfrentado uma *crise de legitimidade* nos anos 60 será discutido no capítulo 7.)

Quanto às autênticas porém ilegítimas, exemplos não faltam: o budismo mahayana morreu na Índia não porque seus dogmas eram não autênticos, pois ainda encarnavam a prática do nível causal (9-10), mas porque o hinduísmo vedanta, regenerando-se através de Shankara e alegando uma enraização mais histórica, tornou-se mais legítimo para os praticantes. Da mesma forma, o Vedanta é uma religião perfeitamente causal autêntica, mas parece que nunca alcançará ampla legitimidade na América, com sua classificação girando em torno de (1-2, 9-10). No Ocidente, de fato, a maioria dos princípios espirituais esotéricos, não importa quão autênticos, nunca adquiriu muita legitimidade (como por exemplo Eckart, al-Hallaj, Giordano Bruno, a própria mensagem esotérico-causal de Cristo).

Com relação a religiões ao mesmo tempo legítimas e autênticas, podemos citar o budismo Ch'an (zen) durante a China Tang, o hinduísmo vedanta na Índia da época de Gaudapada e Shankara até a ocupação intensiva inglesa ou o Vajrayana no Tibete de Padmasambhava a Mao Tse-tung, todas aparentemente em torno de (8-9, 9-10).

Cada um dos nove (ou mais) usos precedentes da palavra "religião" tem seu lugar adequado – algumas expressões "religiosas" são fixações/regressões, outras constituem projetos de imortalidade, outras ainda geram mana; algumas são legítimas e outras autênticas. Porém, devemos ter o cuidado de declarar de modo preciso o uso a que nos referimos. Caso contrário, declarações como: "o impulso religioso é universal", "todas as religiões são verdadeiras", "a religião é transcendental", "todas as religiões são uma só nalgum nível profundo" e assim por diante configuram-se, na melhor das hipóteses, estritamente sem sentido e, na pior, profundamente enganadoras.

6. Crença, fé, experiência e adaptação

Neste capítulo desejo diferenciar a crença religiosa, a fé religiosa, a experiência religiosa (mística ou máxima) e a adaptação estrutural religiosa (ou adaptação efetiva a níveis de desenvolvimento religiosos autênticos). Pois, mais uma vez, embora sejam todos "religiosos", são religiosos em graus diferentes. A série em si mostra um envolvimento religioso crescente: parece possível ter crença sem fé, fé sem experiência e experiência sem completa adaptação.

CRENÇA

A crença é a forma mais inferior de desenvolvimento religioso e, na verdade, parece com frequência funcionar sem qualquer ligação religiosa autêntica.[105] O "verdadeiro crente" – aquele que não possui fé no sentido literal, muito menos experiência efetiva – adota um sistema de crença mais ou menos codificado que parece atuar basicamente como um fundo de símbolos de imortalidade.[10] Esse sistema poderá ser uma religião mítico-exotérica (por exemplo, o protestantismo fundamentalista, o xintoísmo secular, o hinduísmo popular etc.), o cientismo racional, o maoísmo, a religião civil e assim por diante. O que têm em comum, no que diz respeito à "verdadeira crença", é a vinculação de um nexo ideológico às qualificações de uma pessoa para a imortalidade.

Acredito que isso gera uma psicodinâmica peculiar, secundária: como as perspectivas de imortalidade da pessoa apoiam-se na veracidade do nexo ideológico, este como um todo só pode ser criticamente examinado com muita dificuldade. Assim, quando os momentos normais e inevitáveis de incerteza ou descrença ocorrem (mágica: esta dança realmente faz chover?; mítica: o mundo foi *realmente* criado em seis dias?; científica: o que aconteceu *antes* da grande explosão? etc.), não é permitido aos impulsos questionadores permanecerem por muito tempo no autossistema (eles representam ameaças para as qualificações de imortalidade do indivíduo). Como resultado, os impulsos de descrença tendem a ser *projetados* sobre os outros e, então, atacados "lá fora" com resistência obsessiva. O verdadeiro crente está sempre ativo, procurando convertidos e combatendo descrentes, pois, por um lado, a mera existência de um descrente representa um indício a menos no tocante à imortalidade e, por outro, se o verdadeiro crente consegue persuadir outras pessoas a abraçar sua ideologia, isso ajuda a acalmar seus próprios impulsos de descrença. Se for mítico-religioso, ele luta contra pecadores, queima feiticeiros, enforca hereges; se for marxista, vive para a revolução que esmagará os descrentes (e no meio-tempo encarcera "feiticeiros", psiquiatriza "hereges"); se for cientista, em geral inicia uma invectiva conjunta contra as visões adversárias (hereges), mesmo ou especialmente aquelas ridiculamente insignificantes (por exemplo, astrologia, UFO, Uri Geller, Velikovisky etc.). Não é a legitimidade nem a falsidade da perspectiva oposta que deturpa sua origem, e sim a paixão peculiar com que é combatida: o que se tenta converter é o próprio eu descrente.

 Num aspecto mais favorável a crença *pode* servir como a expressão conceitual apropriada e a codificação de um envolvimento religioso de qualquer grau mais elevado (fé, experiência, adaptação). Nesse caso, o sistema de crenças atua como um esclarecimento racional das verdades transracionais, bem como um "material de leitura" introdutório, *exotérico* e preparatório para iniciantes.[114] Quando os sistemas de crenças ligam-se, dessa maneira, a uma efetiva religiosidade superior (autêntica), podem ser denominados, não por si próprios mas devido à associação, sistemas de crenças autênticos.

FÉ

A fé supera a crença, mas não a experiência religiosa real. O verdadeiro crente pode normalmente relacionar todas as razões de que está "certo" e, se alguém as questiona francamente, ele tende a tomar a coisa de um modo bastante pessoal (porque, na verdade, questionam-se suas qualificações para a imortalidade). Seu sistema de crença representa uma política de durabilidade. A pessoa de fé, por outro lado, normalmente terá uma série de crenças, porém seu envolvimento religioso não parece gerado apenas ou mesmo predominantemente pelas crenças. De fato, com frequência, a pessoa não sabe exatamente por que está "certa" (tem fé) e, criticada nas razões que apresenta, em geral toma a coisa de modo filosófico. Na minha opinião, isso ocorre porque a crença, nesses casos, não é a verdadeira fonte do envolvimento religioso; antes, a pessoa de alguma forma intui o verdadeiro Deus como sendo imanente neste mundo e nesta vida (bem como transcendente a eles). As crenças tornam-se até certo ponto secundárias, pois a mesma intuição pode ser aplicada a qualquer número de aspectos aparentemente equivalentes ("Chamam muitos aquele que é na verdade Um"). A pessoa de fé tende a evitar o literalismo, o dogmatismo, o evangelismo, o fundamentalismo, que definem quase exclusivamente o verdadeiro crente.[13]

Paradoxalmente, a pessoa de fé encontra-se comumente em grande e angustiante *dúvida* religiosa, o que o verdadeiro crente raramente vivencia. O verdadeiro crente projetou suas dúvidas nos outros e está por demais ocupado tentando convencê-los a prestar atenção ao próprio estado interior. A pessoa de fé, contudo, começa a transcender as meras crenças confortadoras e torna-se, então, aberta a uma imensa dúvida, o que frequentemente se toma como indício de *falta* de fé, preocupando-a intensamente. Porém, geralmente não é esse o caso.

Eis o que parece ocorrer: a pessoa de fé intui, embora de maneira preliminar e um tanto vaga, a existência do verdadeiro Deus. Por um lado, isso lhe confere uma dimensão de paz, estabilidade interior e libertação da mera crença. Por outro, exatamente por isso, anseia-se por uma aproximação maior com essa divindade, por um mais completo conhecimento de Deus e a união com Ele. Como ainda não se possui essa maior proximidade, surge, por comparação, a *dúvida* (e o anseio). Na verdade, *quanto maior a fé-intuição, maior a dúvida*. O zen tem um profundo ditado sobre isso:

> *Grande dúvida, grande iluminação;*
> *Pequena dúvida, pequena iluminação;*
> *Nenhuma dúvida, nenhuma iluminação.*

Como isso difere da certeza textual e dogmática do verdadeiro crente.

Parece que existem, fundamentalmente, apenas duas maneiras de aliviar essa dúvida e e esse anseio. Umas delas é voltar-se para a simples crença e revestir a dúvida com formas mais rígidas e externas (por exemplo, símbolos de imortalidade). A outra é atuar sobre o anseio e progredir para a experiência.

EXPERIÊNCIA

A experiência transcende a fé para um encontro verdadeiro e uma cognição literal, mesmo que breve. A experiência, como a emprego, significa *experiência culminante*,[61] um *insight* temporário de (e influxo de) um dos níveis *autênticos* da organização estrutural religiosa (psíquico, sutil, causal). Na minha opinião, a experiência religiosa autêntica deve ser diferenciada de mera exaltação emocional, transes mágicos e entusiasmos míticos de massa, todos os quais resultam numa suspensão temporária da razão através da regressão a adaptações *pré*-racionais, um deslocamento completamente diferente da epifania *trans*racional. As exaltações pré-racionais caracterizam-se, em geral, pela disposição ctônica, a carga emocional, a limitação corporal e a falta de *insight*[105] – é um curto-circuito emocional que faísca e chia com uma corrente orgiástica inconsciente. A epifania transracional pode ser ditosa, mas também numinosa, noética, iluminante e – o mais importante – contém grande quantidade de *insight* ou entendimento.[6, 7]

As experiências culminantes autênticas (em oposição aos curto-circuitos extático-emocionais) normalmente ocorrem com aqueles que evoluíram para o nível racional da adaptação estrutural, embora ocasionalmente aconteçam com aqueles ainda em um nível mítico ou mágico. A fé verdadeira parece conduzir à experiência; os sistemas de crenças parecem inibi-la (apesar de nenhuma dessas correlações ser altamente positiva; as experiências culminantes são notórias por atingirem praticamente qualquer pessoa sem qualquer razão aparente).[61] Quando ocorrem com uma pessoa que tenha anteriormente rejeitado o envolvimento religioso, tais experiências podem ocasionar uma "conversão", levando o indivíduo a adotar posteriormente uma crença religiosa particular para dar sentido "àquilo que o atingiu" (por exemplo, são Paulo).

Se uma experiência culminante autêntica ocorre a um verdadeiro crente mítico-religioso, frequentemente surte o efeito inconveniente de energizar os seus símbolos míticos de imortalidade. O resultado é um crente "ressuscitado", um caso particularmente explosivo. Para começar, a experiência analítica[29, 36] divulgou de modo coerente que o verdadeiro crente mítico não raro possui um superego especialmente severo (agressão internalizada) – uma culpa *excessiva*, uma regressão *excedente*, comumente formada em atmosfera de pais excessivamente opressivos e puritanos. Uma das razões para o verdadeiro crente mítico ter-se tornado um verdadeiro crente é tentar remediar o excesso de culpa estabelecendo relações com um pai (ou mãe) mítico-fictício que, dessa vez, perdoaria as transgressões culposas (impulsos emotivo-sexuais). Ao mesmo tempo, os impulsos inaceitáveis e culposos podem ser projetados como um mundo de pecadores *sujos* lá fora. (Acredito que, por isso, um "pecador", nesses casos, costuma ser duas coisas: um descrente, ou uma ameaça no tocante à imortalidade, e um descrente "sujo", ou contaminado com culpa emotivo-sexual.)

Quando se atinge esse tipo de sistema de crenças com uma experiência culminante autêntica, o sistema a *traduz* para os termos dos seus próprios símbolos de imortalidade. Toda a ideologia parece, assim, receber uma santificação convulsiva; isso permite ao superego severo extravasar, mais ainda que de costume, numa fúria moralizante e proselítica; e o verdadeiro crente, agora com a aprovação absoluta do próprio Deus todo-poderoso, parte para a remodelação do mundo à sua própria imagem. Um *insight vertical*, normalmente yogue/santo, converte-se num impulso *horizontal* para a frente, porque o nível de adaptação estrutural é incapaz de conter e sustentar o fluxo cognitivo.

Por outro lado, embora mais raramente, uma experiência culminante autêntica poderá impelir um verdadeiro crente a transformar-se numa pessoa de fé, com as subsequentes redução da paixão de crença específica e abertura para uma tolerância mais universal.

A experiência culminante em si aparentemente pode originar-se de qualquer das três esferas superiores dos potenciais estruturais até então não percebidos do indivíduo – psíquico, sutil, causal – com a natureza exata da experiência diferindo em cada caso (panen-hênica, teísta, monística). Também é importante determinar "dentro de" qual nível da atual adaptação estrutural o afluxo é "despejado", pois isso parece determinar a forma de sua eventual expressão – mágica, mítica, racional.

Observemos, então, que mesmo com o nosso simples esboço, apresentamos nove variedades substancialmente diferentes de experiências culminantes autênticas: o afluxo psíquico, sutil ou causal para estruturas mágicas, míticas ou racionais. Creio poder fornecer ampla *evidência estrutural* para cada uma dessas nove epifanias, com a ressalva de que os pares mais extremos (por exemplo, mágico com causal) são estruturalmente tão difíceis de atingir e que, para todos os efeitos práticos, não existem. Cortando essa exceção, exemplos dos outros oito pares não faltam. O xamanismo típico, por exemplo, parece ser um afluxo de magia panen-hênica, ou intuição psíquica para estruturas mágicas.[105] Além disso, Joseph Campbell[23] evidenciou que os xamãs mais adiantados e esotéricos entendiam realmente haver um ser por trás das múltiplas formas de epifanias naturistas ou panen-hênicas – um exemplo de magia teísta. A experiência de

Moisés no monte Sinai parece ter sido mítico-teísta, ou uma revelação do nível sutil afluindo para uma adaptação mítica.[105] O primeiro *satori* importante de um estudante zen atual é monístico-racional, ou um *insight* de identidade causal irrompendo numa adaptação racional.[88] A famosa experiência mística de Bertrand Russell pareceu amplamente teísta-racional, ou uma iluminação do nível sutil afluindo para a lógica. Por outro lado, a forma mais comum de experiência religiosa/mística dos dias de hoje parece ser yogue ou panen-hênica racional. O indivíduo num nível racional de adaptação obtém uma experiência culminante na dimensão psíquica; isso está normalmente por trás de tudo desde a experiência "a-ha" ou "Eureka!" dos eruditos racionais até os voos mais mundanos de felicidade extática, que ocasionalmente interrompem as translações intencionais/racionais do indivíduo.[7]

Finalmente, existe um significado esotérico ou muito avançado de experiência culminante: uma pessoa já *no* nível psíquico pode ter uma experiência culminante nos níveis sutil ou causal; uma pessoa no nível sutil pode ostentar uma experiência culminante no nível causal. Isso, às vezes, dificulta a distinção entre as religiões yogues, santas e sábias, porque ocasionalmente as três dirão que todas as coisas são meras modificações de uma Realidade Única radiante, mas somente a última sustenta que se trata de uma questão de adaptação estrutural duradoura; as outras fundamentam a afirmação apenas em simples experiência culminante.[7, 22, 105] Investigaremos a seguir essa distinção.

ADAPTAÇÃO ESTRUTURAL

Uma experiência culminante, não importa quão autêntica, representa apenas uma olhadela nos níveis de organização estrutural que podem ser efetiva e permanentemente percebidos através do *crescimento transformativo* superior e da adaptação estrutural objetiva.[101] Examinaremos, nesta seção, as implicações dessa visão.

Anteriormente ao afluxo contemporâneo das religiões do Oriente para o Ocidente, a maioria dos eruditos, psicólogos e sociólogos inclinavam-se a encarar a religião apenas em termos de crença e/ou fé. Em grande parte, através da influência da religião oriental, mas também devido a um crescente interesse no misticismo cristão, no neoplatonismo etc., a ideia da *experiência religiosa efetiva* (normalmente mística) foi acrescida às de crença e fé.

Em alguns aspectos os psicólogos tomaram a dianteira nessa exploração. O *Varieties* de William James consistia numa investigação clássica que inferiu que o manancial fundamental da religião não era nem a crença nem a fé, e sim a experiência direta. Afinal de contas, ele observou, todas as religiões do mundo *começaram* como experiência de algum profeta/vidente e só mais tarde foram codificadas em sistemas de crenças que exigiam a fé. Carl Jung orientou suas investigações para as possíveis origens arquetípicas dessa experiência, e então – mais ou menos recentemente – os estudos de Maslow tornaram a *experiência culminante* o modelo essencial da religiosidade autêntica.

Isso representou uma bênção parcial. Por mais apropriado e necessário que tenha sido o paradigma do ponto culminante para ajudar os eruditos a enxergar além da crença e da fé e perceber a experiência direta, o paradigma em si cegou-nos para o fato de que a efetiva adaptação a essas esferas superiores significa uma possibilidade permanente e estável, não apenas uma experiência transitória. Pode-se evoluir, por exemplo, para o nível santo da adaptação estrutural com a mesma eventual estabilidade e contínua ação com que se pode agora operar no nível linguístico.[101] Não nos referimos a essas adaptações estáveis como "experiências", do mesmo modo como não dizemos com relação à pessoa comum: "Ela está tendo uma experiência linguística" – ela está *no* nível linguístico, como tal, mais ou menos continuamente.

Uma vez que, além da mera experiência transitória, a religiosidade autêntica poderá efetivamente envolver a transformação de desenvolvimento concreta e a adaptação estrutural, então introduzimos uma revolução na validade cognitiva do conhecimento espiritual e das alegações de verdade. Pois a simples crença não pode ser verificada de modo cognitivo, já que não possui um referencial manifesto; a fé também não, porque não possui o conteúdo necessário. Consequentemente, quando psicólogos e teólogos introduziram a *experiência* mística, pensaram ter, enfim, um meio de verificar ou fundamentar de forma cognitiva as postulações religiosas, porque a experiência é pelo menos concreta. Infelizmente, também é transitória, efêmera, impossível de reproduzir, privativa e breve demais para estabelecer qualquer direito com relação à validade cognitiva, como os filósofos regozijaram-se (e com razão) em explicar.

Por outro lado, se entendermos que as alegações de conhecimento yogues, santas e sábias baseiam-se *não* em crença, fé ou experiência transitória, e sim em níveis efetivos de estruturalização, cognição e desenvolvimento, então as estruturas profundas das suas alegadas verdades assumem uma condição perfeitamente adequada, comprovável e reproduzível. De fato, assumiriam precisamente o mesmo *tipo* de condição, por exemplo, dos níveis de Piaget e dos estágios de Kohlberg, podendo claramente ser assim demonstradas da mesma forma básica: através das análises de estruturas estagiárias em qualquer comunidade analogamente adaptada de praticantes adequadamente evoluídos. (Voltaremos a esse assunto no capítulo 9.)

Percebo que os teólogos passam, neste exato momento, da crença e da fé para a experiência, num movimento que gera muita excitação, entusiasmo e controvérsia.* Apesar de tudo isso constituir um passo na direção correta, sinto que devemos ter em mente suas graves limitações e prosseguir, o mais rápido possível, do modelo da experiência culminante para o da adaptação estrutural.

---

* Ver *The Heretical Imperative*, de Peter Berger.

7. A sociologia da religião contemporânea

Considerando o que foi dito até aqui, podemos rapidamente tecer alguns comentários esquemáticos sobre várias teorias e tópicos agora na vanguarda da sociologia da religião.

CRESCENTE RACIONALISMO

Os sociólogos, desde Weber, têm-se interessado pela crescente tendência à secularização, ao individualismo e ao racionalismo. Diante de uma visão de mundo cada vez mais intencional-racional, as antigas perspectivas mitológicas, baseadas principalmente na filiação mítica exotérica e na conformidade tradicional, começaram vagarosa porém inevitavelmente a perder o seu poder de convicção, e o próprio processo de legitimação começou a mudar, em todos os setores, para o julgamento racional e a apropriação humanístico-secular. Esse processo está longe de completar-se, e a maior parte das culturas ainda tem de caminhar antes que as forças integrativo-estabilizadoras inerentes ao nível racional de adaptação e organização alcancem algo semelhante ao seu potencial estrutural. Estou convencido, porém, de que a estrutura da filiação mítica atingiu o limite inerente a suas capacidades integrativas e reveladoras da verdade. Ela surgiu em primeiro lugar *c.* 9000 a.C. em determinadas culturas agrícolas míticas, onde aos poucos substituiu a magia paleolítica da grande caçada; amadureceu nas altas civilizações da mitologia clássica (Egito, China Shang, vale do Indo na Índia); e atingiu seu auge na Europa medieval sob o cristianismo mítico-exotérico.[105] Começou a desaparecer na

Europa do século XVII; cada década subsequente foi em grande parte definida pelas pessoas e eventos que mostraram a impropriedade mítica e tornaram evidente sua obsolescência: Copérnico, Newton, Locke, Nietzsche, Comte, Darwin, Freud e outros. Existem e certamente continuarão a existir repressões/fixações a essa modalidade tanto nos indivíduos como nas sociedades como um todo, mas, na minha opinião, sua força como um *tradutor da realidade* convincente e legítimo está morta. Ela não pode mais fornecer mana de um grau suficientemente elevado, e poucos indivíduos cultos *podem* acreditar nos seus símbolos míticos de imortalidade. Como todos os níveis de adaptação estrutural, é específica de fase. Sua fase já passou.

Desse modo, concordo com os sociólogos em geral em que o rumo do desenvolvimento moderno caracteriza-se por uma crescente racionalização. Contudo, meu ponto de vista principal é que a tendência global da racionalização cobre apenas a *primeira metade* do nosso plano de desenvolvimento: de arcaico a mágico, a mítico e a racional. Entretanto, o plano *continua* do racional ao psíquico, ao sutil, ao causal, ao final, e assim o que talvez diferencie minha visão da de outros teóricos espiritualmente complacentes seja que acredito ser a tendência à racionalização em si necessária, desejável, adequada, específica de fase e evolutiva. Na verdade, creio que é, consequentemente, perfeitamente religiosa, *em si e por si* (não importa quão secular pareça), no sentido dr-4: uma expressão cada vez mais avançada da consciência e da percepção clara que tem por meta final, e contribui para, a ressurreição do Espírito/*Geist*.

Também julgo a adaptação racional perfeitamente religiosa no sentido dr-2: capaz de fornecer uma visão de mundo legítima, convincente, integradora e significativa, ou mana bom (dr-8). Contudo, não nos pode proporcionar uma visão total do mundo – somente o impacto causal/final, de acordo com os sábios, pode atingir a absolutização.[7] Mas pode, creio eu, apresentar uma perspectiva tão coerente e significativa quanto a magia arcaica ou o mito sincrético – mais como este, na minha opinião, por razões que investigaremos em breve.

Contudo, a forma da integração racional-individual é tão diferente da conformidade mítica que algumas vezes confunde os estudiosos. A filiação mítica caracteriza-se por um grau intermediário de perspectivismo: maior do que o mágico, que praticamente não tem nenhum, mas não tão desenvolvido quanto o racional-reflexivo, que é a primeira estrutura importante a manifestar um perspectivismo leve e contínuo. O perspectivismo em si consiste simplesmente na capacidade de *assumir o papel do outro*, de projetar-se de modo cognitivo numa perspectiva mental e de um ponto de vista que não o próprio. Psicólogos, de Werner a Piaget, demonstraram como e por que o perspectivismo crescente, ou inversamente, o egocentrismo decrescente, constitui um indicador básico da evolução do desenvolvimento.[57, 70, 95] A filiação mítica posiciona-se no meio; tem consciência do outro e pode começar a assumir o papel de outrem, mas, por tratar-se de uma espécie de estágio de aprendizagem no perspectivismo, tende a ficar presa nesses papéis, a ser definida e limitada por esses papéis. Assim aprisiona-se numa atitude conformista, convencional ou tradicional: os códigos da cultura são os seus códigos, as normas da sociedade são as suas normas, o que eles querem é o que eu quero. Esse é exatamente o estágio convencional de Kohlberg e o de conformidade de Loevinger.

Com a elevação do nível racional, contudo, o indivíduo move-se para uma posição mais reflexiva eu-e-outro, ou perspectivista. A pessoa pode, pela primeira vez, distanciar-se de modo crítico das normas da sociedade e, assim, julgá-las por si mesma. Ela pode regular as normas. Pode achá-las sem valor e rejeitá-las; pode julgá-las meritórias e adotá-las, porém em qualquer dos casos age com base em considerações potencialmente razoáveis e perspectivistas, e não mais por conformidade cega. Isso, é claro, corresponde ao estágio pós-convencional de Kohlberg e ao consciencioso-individualístico de Loevinger.

O modelo da unidade da filiação mítica parece ser: "Todo mundo tem de pensar a mesma coisa, compartilhar os mesmos símbolos e ter o mesmo pai-deus-rei em comum". O paradigma da unidade individual racional parece ser: "Vamos fazer coisas diferentes juntos, compartilhar símbolos diferentes, permutar perspectivas diferentes". Essa ainda é uma forma perfeitamente *legítima* de integração ou estabilidade social, apenas não serve de instrumento ao modelo de conformidade tradicional, que muitos sociólogos aparentemente encaram como sagrado. Sua estabilidade não depende do mana mítico ou da permuta de unidades de conformidade, mas do mana racional ou da troca de unidades autorreflexivas. A filiação mítica atinge a unidade através de necessidades compartilhadas de pertinência; o racional-individual, através de necessidades compartilhadas de amor-próprio (empregando a hierarquia de necessidades de Maslow). De muitas maneiras, é potencialmente *mais* estabilizadora do que a translação da filiação mítica por ser mais elástica, mas *diferenciada* e, *portanto*, mais potencialmente integrada. Para os teóricos do desenvolvimento, a diferenciação e a integração não são opostas, mas complementares, como resume Werner: "Sempre que o desenvolvimento ocorre, ele vai de um estado de globalidade relativa e falta de diferenciação para um estado de crescente diferenciação, articulação e integração hierárquica". A individuação racional situa-se exatamente nessa relação tanto quanto a globalidade da filiação mítica, e é esse fato que permite a especialistas como Fenn[30] e Bell[12] afirmar que a sociedade moderna pode potencialmente atingir uma estabilização adequada sem recorrer a unidades de mana globalistas-tradicionalistas. O *Many Dimentional Man* de Ogilvy apresenta um argumento persuasivo (embora muito específico de fase) para a integridade perspectivista, ou unidade *através da* diversidade, que ele contrapõe à antiga, mas outrora adequada, integridade da mentalidade de um só deus, um só rei e um só partido.

Se indivíduos no nível racional de adaptação estrutural decidem, então, seguir uma religião *autêntica*, em oposição à religião meramente *legítima* do racionalismo secular, quase invariavelmente carregam seu perspectivismo consigo e reconhecem a existência de abordagens diferentes mas igualmente válidas à religião autêntica – completamente diferente do crente da filiação mítica, que, na falta de um perspectivismo sofisticado, normalmente afirma que seu pai-deus-rei é o único possível e aquele que quiser salvar-se "tem de" filiar-se.*

---

* Para um excelente exame do pluralismo/perspectivismo sociológico moderno, ver *The Heretical Imperative*, de Berger.

Ao mesmo tempo, não desejo glorificar o nível de adaptação individual-racional. É apenas específico de fase. Creio que ele também, eventualmente, subordinar-se-á a uma visão de mundo verdadeiramente yogue. Podemos ainda supor que, como qualquer nível, é capaz de traduzir seu mundo de forma sadia ou mórbida, fornecer bom ou mau mana. Parece haver "boa" e "má" razão como existe "boa" e "má" mitologia. Porém, na minha opinião, não devemos tomar o pior da razão, compará-lo com o melhor da mitologia e, então, dizer que a razão, ou o nível da adaptação racional diferenciada/individuada é uma estrutura degenerada em comparação com os costumes de conformidade mítica "verdadeiramente religiosos", do tipo Jardim do Éden, de antigamente.

O que quero dizer é que os estudiosos da religião perceberam muitas vezes a tendência à racionalização e concluíram tratar-se de uma tendência antirreligiosa, ao passo que para mim é uma tendência *pró-religiosa autêntica* por ser transmítica ou pós-mítica e estar *a caminho* da adaptação estrutural yogue e de níveis mais elevados. Se a racionalidade for efetivamente a grande divisão entre a magia e o mito subconsciente e o superconsciente sutil e causal, sua principal finalidade no plano global da evolução pode ser despojar o Espírito das suas associações infantis, fixações paternas e maternas, realizações de desejos, anseios de dependência e gratificações simbióticas. Quando o Espírito é assim desmitificado, pode ser abordado como Espírito, na sua Quididade Absoluta (*tathata*), e não como Pai Cósmico.

Quando solicitados a explicar a perspectiva religiosa que a racionalização supostamente "destrói", esses eruditos quase sempre apontam as simbologias mágicas ou míticas, elevando assim as estruturas pré-racionais a uma condição transracional. Como o desenvolvimento *efetivamente* vai do mito pré-racional à dissertação racional e à epifania transracional,[102] se alguém confundir a religião autêntica com o mito, naturalmente a racionalização *parecerá* antirreligiosa. Se, contudo, a religião autêntica for vista como transracional, o momento específico de fase da individuação racional representará não apenas um passo na direção correta como também um pré-requisito absolutamente necessário.

ROBERT BELLAH

Na minha opinião, a principal contribuição do trabalho de Bellah, além de caracterizar-se todo o tempo por imensa clareza e percepção, é sua demonstração precisa de que em certo sentido a religião deveria ser tratada de forma religiosa, ou seja, de modo não reducionista. Isso começou uma revolução secundária na sociologia moderna. Mesmo assim tenho algumas restrições.

1. Ao tratar todas as expressões religiosas de forma "não reducionista", Bellah tende a perder toda capacidade crítica séria (ver capítulo l, seção "Hermenêutica fenomenológica"). Na verdade, quando ele diz "a religião é verdadeira", abandona a posição de possibilidades profundas de desenvolvimento e desconsidera a hierarquia das capacidades da verdade. Pode-se também dizer "a moralidade é verdadeira" e depois ignorar as extraordinárias diferenças – inclusive a natureza cada vez mais elevada – de cerca de meia dúzia de estágios de moralização descobertos pela moderna psicologia de desenvolvimento.

A falta de dimensão crítica vertical subjacente ao que frequentemente me parece um uso questionável do "não reducionismo", não apenas passa por cima da possível hierarquia da adaptação religiosa autêntica – yogue, santa, sábia – como também toma com rigor o valor nominal de qualquer símbolo aparentemente religioso ("realismo simbólico"), conferindo assim uma condição eminente ao que pode ser apenas fixações infantis. O reducionismo, a meu ver, aplica-se propriamente à tentativa de explicar domínios *superiores* através dos *inferiores* (a mente através do instinto, o sutil através da mente etc.) e isso é de fato deplorável. Bellah, contudo, não distingue sistematicamente o superior do inferior; desse modo, o reducionismo não afirma nada a respeito de um domínio que não seja o que este quer dizer sobre si próprio. Em especial, Bellah não distingue a "religião" pré-racional da religião transracional, e assim, ao tentar proteger a última do reducionismo, tem constantemente de exaltar a primeira.

2. A definição básica de religião de Bellah é aquilo que satisfaz a inter-relação holística de sujeito e objeto de um modo significativo. Trata-se basicamente de dr-2: a religião como o intercâmbio relacional de mana (em qualquer nível). É com essa definição que Bellah pode (corretamente) dizer que todas as sociedades são religiosas, mesmo as seculares, e que todas as religiões (nesse sentido) são verdadeiras; e como ele em geral trabalha com dr-2, seu critério de religião "mais válida" é dr-8: uma religião mais integrativa é mais válida, útil ou significativa. O critério aqui é o da *legitimidade*. Por exemplo, a "religião civil" americana (uma mistura de ética protestante mítica e símbolos de imortalidade nacionalísticos) é ou foi uma religião legítima, de acordo com Bellah, porque proporcionou adequado significado integrativo, freio moral e coesão social. Concordo que seja de fato assim. A religião civil foi uma boa produtora de mana e evitou o tabu; era uma religião legítima (no sentido dr-8).

Entretanto, devido a sua atitude não crítica ("não reducionista"), Bellah não consegue distinguir sistematicamente entre as meras religiões legítimas e as *autênticas*. Desse modo, dirá coisas como: "A religião civil é, na sua melhor forma, uma *percepção genuína da realidade universal e transcendental*".[13] Ora, digam o que quiserem, a religião civil em si, até na sua melhor forma, não produziu nada que lembrasse o verdadeiro *satori*, *moksha* ou a *percepção genuína* do próprio Espírito. Essa confusão ocorre, na minha opinião, porque Bellah confunde a religião mana legítima – que deveria acontecer em todos os níveis da adaptação estrutural – com a religião transcendente autêntica, que se dá somente nos níveis superiores da adaptação estrutural.

3. Ocasionalmente, porém, Bellah também empregará a religião como dr-1; por várias razões, ele tem em mente uma esfera de dimensão específica quando diz "religião", e essa esfera, seja o que mais for, não é científico-racional. Assim, ele afirmará: "É, nesse sentido, religioso, e não científico".[13] Eis um emprego perfeitamente aceitável da religião, como já vimos; é dr-1.

Na minha opinião, Bellah tenta referir-se aqui não apenas à religião *legítima*, *o* que até a sociedade secular racional pode ser, mas também a uma religião *autêntica*, que transcende a individuação racional (a qual, consequentemente, Bellah compreensivelmente reluta em outorgar a sociedades científicas seculares; na minha opinião, elas podem ser legítimas, mas não autênticas). Porém, ao falhar sistematicamente em distinguir entre as esferas transracionais e pré-racionais, Bellah estende a *autenticidade* aos envolvimentos pré-racionais e míticos bem como às religiões civis, quando possuíam no máximo uma forte *legitimidade*. Ora, a sociedade científica racional hoje enfrenta, por inúmeras *razões*, diversos tipos de crise, e isso constitui um importante assunto para investigação e análise. Porém, na minha opinião, Bellah confunde a atual perda de legitimação que as religiões mítica e civil possuíam com uma perda de *autenticidade* que elas *nunca* tiveram. Ele, então, lamenta: "O suposto homem pós-religioso, o frio e autoconfiante homem secular que mesmo alguns teólogos exaltaram recentemente, está preso numa realidade literal e restrita, classicamente descrita em termos religiosos como o mundo da morte e do pecado, o mundo decaído, o mundo da ilusão. O homem pós-religioso está encurralado no inferno".[13]

O que Bellah chama de "pós-religioso" é simplesmente pós-mítico e pós-convencional; e, como mostramos na última seção, os homens pós-míticos não são pós-religiosos autênticos, e sim pré-religiosos autênticos, equilibrados no nível racional da adaptação estrutural, prontos para o passo global seguinte no desenvolvimento coletivo e para o *primeiro* passo na experiência espiritual autêntica, coletiva – a da adaptação yogue amplamente difundida. Encurralado no inferno? Definitivamente sim, como todos os estágios carentes da ressurreição superconsciente. Porém, o que importa é que os homens mítico-religiosos estavam igualmente encurralados no inferno; na verdade, mais ainda: simplesmente não possuíam o elevado grau de percepção racional-reflexiva necessário para perceber na totalidade sua condição, e desse modo sofriam sua miséria em relativa inocência, permitindo que os escrúpulos que surgissem fossem amamentados por uma mãe cósmica mítica. Esse pacto precisava ser rompido.

Eles realmente continuam encurralados no inferno, como seus predecessores, mas os homens pós-míticos pelo menos, e finalmente, livraram-se de suas imagens infantis de divindade como uma mãe ou um pai protetor lamuriando-se a cada um de seus movimentos, atendendo a todos os seus desejos, suprindo todos os seus projetos de imortalidade, agindo de acordo com suas orações de magia. Os seres pós-míticos não foram expulsos do Éden; cresceram e partiram e, ao assumir a responsabilidade racional e pessoal por uma dimensão da própria vida, preparam-se para a próxima grande transformação: o Deus interno, e não o Pai externo.

4. Finalmente, Bellah sustenta que a religião, diferentemente da ciência, não possui uma alegação de verdade cognitiva verificável (testável). Discordo disso com veemência, por razões apresentadas no capítulo 6 e que serão abordadas novamente no capítulo 9.

ANTHONY E ROBBINS

Dick Anthony e Thomas Robbins propuseram-se recentemente a corrigir o que veem como algumas das fraquezas e contradições nas teorias de Bellah, principalmente através da substituição (ou suplementação) do realismo simbólico pelo estruturalismo, e especificamente por um estruturalismo fundamentado nos padrões profundos e superficiais de Chomsky.

Obviamente, concordo com a intenção básica do seu trabalho e posso recomendar suas principais características com entusiasmo. Gostaria apenas de sugerir algumas pequenas retificações à sua apresentação à luz da nossa análise até aqui.

1. Anthony e Robbins[3] começam dizendo que a abordagem de Bellah à religião, que a vê como um *factum* universal e não redutível da existência humana, é um começo na direção de uma formulação há muito procurada dos "princípios estruturais universais intrínsecos à religião", ou seja, "o realismo simbólico parece subentender uma unidade fundamental de todas as religiões no nível profundo". Eles assinalam, contudo, que Bellah deixa de realizar uma distinção cuidadosa entre

as estruturas profundas de tal religião universal, sempre invariável e a-histórica, e as estruturas superficiais da religião, sempre variáveis e fortuitas. Consequentemente, observam que "o trabalho recente de Bellah enfatizou duas tendências que parecem contraditórias. Nos seus ensaios metateóricos, ele acentuou a uniformidade fundamental de tradições religiosas e épocas aparentemente diferentes. Entretanto, na sua descrição efetiva dos sistemas religiosos concretos, Bellah destacou a necessidade de mudança religiosa [e] evolução religiosa".

Anthony e Robbins argumentam, então, que

> as aparentes contradições entre essas posições surgem porque Bellah não tornou explícita a diferença entre a estrutura superficial e a estrutura profunda das religiões. Ao realçar as semelhanças em religiões de diferentes culturas e épocas, ele se concentra no que deveria ser corretamente chamado de estrutura profunda da religião. Ao enfocar as mudanças da religião relacionadas a condições psicológicas e econômicas em mutação, ele descreve estruturas superficiais.

Por mais convincente que esse argumento com relação às estruturas profundas e superficiais seja (voltaremos entusiasticamente a ele num momento), a falha de não realizar essa distinção não consiste na causa básica das "aparentes contradições" do trabalho de Bellah. Ele não faz, é verdade, explicitamente essa importante distinção, mas *antes* dessa omissão, na minha opinião, está a falta mais fundamental de diferenciação entre as religiões legítimas e as autênticas, onde *cada* classe possui estruturas superficiais e profundas representativas. Por exemplo, existe a estrutura profunda da religião mágica (caracterizada pela confusão entre o símbolo e a coisa simbolizada, condensação, deslocamento etc.), e existem as manifestações superficiais efetivas da religião mágica (vodu aqui, animismo naturista ali, religião Bon aqui e assim por diante). Há a estrutura profunda da religião causal (caracterizada pela absorção não manifesta, identidade do eu com o fundamento absoluto etc.) e há as manifestações reais da religião causal (zen, Vedanta, Eckhart etc.); e assim com cada classe. Se esses níveis de percepção estrutural não forem diferenciados em primeiro lugar, qualquer religião meramente legítima poderá ser confundida com a religião genuinamente autêntica, e a *dinâmica* da legitimidade também poderá ser confundida com a *dinâmica* da autenticidade. Ou seja, o que ocorre em cada nível do espectro da existência (a necessidade universal ou perene de mana, de significado) poderá ser confundido com o que especificamente define os níveis *superiores* do espectro (o verdadeiro misticismo universal), com o resultado de que o que queremos dizer com estruturas "profundas" e "superficiais" é distorcido desde o começo, na maioria das vezes por atribuir-se a "profundo" o significado de autêntico (ou místico) e a "superficial" o significado de legítimo, em vez de constatar-se que as religiões autênticas possuem estruturas profundas e superficiais, as religiões legítimas têm estruturas profundas e superficiais, e as duas não necessariamente se sobrepõem.

Como exemplo correlato, citarei o trabalho de Maslow sobre a hierarquia das necessidades, a saber: necessidades fisiológicas (materiais), necessidades de segurança (proteção do corpo mágico), necessidades de pertinência (filiação mítica), necessidades de amor-próprio (racional-reflexivas), necessidades de autorrealização (psíquicas) e necessidades de autotranscendência (sutis-causais).[61] Assim, podemos dizer que *a necessidade é universal* ou onipresente, e realmente o é, porque ocorre em todos os níveis. Porém essa "necessidade como universal" não deve ser confundida com a necessidade de autotranscendência universal-mística que ocorre nos níveis *superiores*. Assim sendo, se definirmos a religião como necessidade de significado (dr-2), então, naturalmente, é universal e ocorre em todos os níveis, como a procura pelo mana, e podemos investigar mais detalhadamente o que compõe o mana *bom* em todos os níveis (dr-8), de forma a determinar a *dinâmica* real e as possíveis invariantes funcionais, de nível cruzado, da legitimação em si. Contudo, se com religião queremos *também* transmitir, como Anthony e Robbins adequadamente o fazem, um significado de união autêntica ou universal-mística (e *philosophia perennis*), por conseguinte somente os níveis mais elevados e transcendentes estão diretamente envolvidos.

Trata-se de duas formas completamente diferentes (mas igualmente importantes) de "religiosidade universal" ou de "princípios estruturais universais intrínsecos à religião", principalmente porque refletem duas formas bastante diferentes de religião (dr-2 e dr-1) e escalas de validade correlata (dr-8 e dr-9, ou legitimidade e autenticidade). A primeira é uma universalidade de toda religião de mana bom em algum nível profundo, com "nível profundo" significando aqui as semelhanças e dinâmicas funcionais de todas as translações horizontais legitimamente integrativas. A segunda é uma "unidade transcendental" atingida e compartilhada apenas por aquelas subseitas bastante raras de determinadas religiões que realmente encerram um nível autenticamente místico ou *esotérico*, ou o domínio superconsciente em geral, que é o que os eruditos da *philosophia perennis* querem dizer com a frase "unidade transcendente de religiões". O trabalho de Bellah lida basicamente com a primeira, ou com os símbolos de mana legítimo e imortalidade (e é por isso que acho que ele se refere de forma tão elogiosa aos trabalhos de Norman O. Brown). Anthony e Robbins desejam abrir um caminho mais específico para a última, ou religião mística autêntica, mas – ao deixarem de efetuar uma distinção explícita entre legítimo e autêntico – geralmente tentam tornar a primeira uma estrutura superficial da segunda como estrutura profunda. Em consequência, desconsideram a possibilidade de o misticismo em si (panen-hênico, teísta ou monístico) ser a estrutura profunda da qual *somente* as religiões autênticas (yogue, santa ou sábia) são estruturas superficiais. Pois, a meu ver, o verdadeiro misticismo não é mais a estrutura profunda, por exemplo, da religião civil, do que a necessidade de autotranscendência o é, por exemplo, das necessidades de segurança.

Em outras palavras, Anthony e Robbins melhoram em termos significativos as ideias de Bellah, introduzindo as estruturas profundas e superficiais nas formulações deste, porém tendem a simplesmente reproduzir-lhe a confusão com relação às religiões legítimas e autênticas, a confusão entre o mana legítimo em qualquer nível e o mana autêntico nos níveis místicos, a confusão entre as invariantes funcionais universais de boa integração e a integração universal mística. Tomam, então, a estrutura profunda do misticismo autêntico (ou imanência divina) e, em vez de atribuir a ela suas próprias estruturas superficiais *autênticas*, atribuem-lhe quaisquer estruturas superficiais meramente *legítimas* de qualquer nível inferior, não importando quão completamente carentes de autenticidade. É nessa linha de pensamento que dizem, por exemplo: "O maoísmo possui determinadas características universais das religiões tradicionais (e, assim, *é* uma religião no nosso sentido), enquanto o comunismo russo não".[3] Essas características, que o maoísmo supostamente possui, Anthony e Robbins desejam expressamente ligar à estrutura profunda de "uma experiência interior da realidade final".[3] Em outras palavras, a estrutura profunda do misticismo autêntico supostamente sustenta a estrutura superficial do maoísmo legítimo. Mais uma vez, creio ser evidente que a experiência do maoísmo e a do *samadhi* não se relacionam como estruturas superficial e profunda, e sim como dois níveis diferentes de estruturalização. Melhor afirmar que o maoísmo é uma religião *legítima* (estrutura superficial) no nível mítico-arracional (estrutura profunda) enquanto o comunismo russo ainda luta por uma legitimidade semelhante no mesmo nível, porém *nenhuma* delas é uma religião *autêntica*, como são, por exemplo, o Vedanta e o zen, duas estruturas superficiais diferentes mas mais ou menos legítimas (na Índia e no Japão, respectivamente) da *mesma* estrutura profunda de nível causal.

Ao mesmo tempo, podemos comparar todos os tipos de religiões *legítimas*, sejam também autênticas ou não – digamos, o maoísmo, a religião civil americana, o Vajrayana no Tibete pré-comunista, o Shi'ite exotérico islâmico – de modo a determinar o que têm em comum ("estrutura profunda" num sentido totalmente diferente) como bons integradores de sociedades, e desse modo descobrir e formular a dinâmica, e as invariantes funcionais básicas da religião "saudável". Já argumentei que tal dinâmica incluiria a produção de mana bom e evitaria o tabu (através de unidades de significado e símbolos de imortalidade). Tais "estruturas profundas", em sua forma potencial, seriam também provavelmente naturais, conforme explicado com relação aos potenciais translativos no capítulo 4. A falta de autenticidade seria, então, relacionada à falta de simbologia *transformativa;* a falta de legitimidade à falta de uma simbologia *translativa* adequada, por sua vez parcialmente relacionada a uma falha na transcrição, ou à falta de uma interpretação adequada dos potenciais disponíveis no nível específico.

Em resumo, se a distinção entre o profundo e o superficial for feita sem a diferenciação anterior entre autêntico e legítimo, um dos resultados será que o misticismo *autêntico* poderá parecer a estrutura profunda da qual todas as religiões inferiores e meramente *legítimas* devam ser estruturas de superfície, em vez de constatar-se que cada nível possui suas próprias estruturas profundas e superficiais, que as estruturas superficiais podem funcionar de modo legítimo ou ilegítimo em todos os níveis, que apenas nos níveis mais elevados a união mística autêntica manifesta-se e que as estruturas profundas desses níveis místicos – psíquico, sutil, causal – possuem como estruturas superficiais somente as religiões que as originam – yogue, santa, sábia.

2. Anthony, numa importante tese, "A Phenomenological-Structuralist Approach to the Scientific Study of Religion",[2] cujos méritos mostrarei daqui a pouco, refere-se mais uma vez à "convergência de linhas de evidência que apontam para o *misticismo universal* como os elementos básicos para o componente de estrutura profunda de [...] uma teoria estruturalista da religião de dois níveis (profundo/superficial)". Ora, já dissemos que o misticismo universal *não é* a estrutura profunda das religiões legítimas de nível inferior, tal como o vodu mágico, a religião exotérica mítica, o maoísmo, a religião civil, pois tomam como estrutura profunda as regras e padrões intrínsecos que definem e governam o nível específico (inferior) de adaptação estrutural sobre o qual se fundamenta a sua existência.

Porém, o que quero enfatizar especificamente nesta seção é que, mesmo quando entendemos o verdadeiro misticismo como a estrutura profunda apenas da experiência/adaptação religiosa autêntica, ainda temos de ser cuidadosos em diferenciar os *tipos* hierárquicos da união mística. Há pelo menos três ou quatro tipos, como já vimos, cada qual com uma *estrutura profunda* (psíquica, sutil, causal ou final) que sustenta várias *estruturas superficiais* da simbologia religiosa autêntica (por exemplo, respectivamente, xamanismo tundra, judaísmo de Moisés, hinduísmo vedanta, Vajrayana Maha Ati), da prática religiosa autêntica (por exemplo, respectivamente, o despertar da hatha-yoga, a oração/contemplação interior ou *shabd*, o *insight jnana* ou absorção radical no coração e o *sahaja* ou identidade final espontânea) e das uniões místicas autênticas (panen-hênica, teísta, monística, não dual).

Minha impressão é que mesmo essa hierarquia de quatro níveis será logo substituída por uma muito mais complexa, que conterá várias estruturas de desenvolvimento distintas. De qualquer modo, porém, a antiga noção de que só existem dois tipos ou níveis de religião – o exotérico, diferente em cada lugar, e o esotérico, sempre igual – é quase tão precisa quanto dizer que existem duas formas de cognição mental, primária e secundária. A divisão primitiva de Freud é bastante aceitável, mas podemos ser bem mais precisos: por exemplo, a descrição de Piaget de quatro estágios estruturais, que representa, é claro, exatamente o tipo de distinção que creio que ocorrerá tanto com a religião exotérica *como* com a esotérica.

Contudo, o verdadeiro motivo pelo qual menciono a tese de Anthony é que, salvo essas pequenas retificações, considero-a revestida com todos os *insights* e sugestões adequados a uma abordagem estrutural geral à religião. Não há o menor sentido em meramente repetir suas contribuições aqui; sugiro que o leitor consulte o próprio ensaio, pois os fundamentos das propostas do autor constituem argumentos que certamente desejaremos incluir numa abordagem benfeita à religião.

3. As distinções que sugeri talvez permitam que abandonemos a ideia de que apenas estruturas superficiais alteram-se na história religiosa, enquanto as estruturas profundas permanecem sempre monolíticas. É verdade que uma estrutura profunda em si é a-histórica, entretanto manifesta-se no curso da história, e podemos registrar essas manifestações revolucionárias. Por outro lado, quando pensamos que existe apenas *uma* estrutura básica de religião, naturalmente devemos assumir também que essa estrutura estava presente desde as mais antigas

expressões religiosas, e assim toda a história da religião é retratada como um mero embaralhamento de várias estruturas superficiais a girar em volta dessa estrutura profunda "única" e "universal". Porém, uma vez que constatamos a possibilidade de existirem quatro ou mais estruturas profundas principais da religião autêntica (sem falar das religiões exotéricas), torna-se mais do que provável que a história da religião envolva não apenas a evolução das estruturas superficiais como também a revolução nas estruturas profundas.

Colocando de outra forma, a maioria das religiões, no curso de suas histórias, parece enfrentar várias *crises de legitimação*, normalmente causadas por diversas estruturas superficiais adversárias. Porém, ocasionalmente, uma determinada religião poderá enfrentar o que representa uma *crise de autenticação:* ou não consegue proporcionar a efetiva *transformação* prometida, ou se defronta com uma religião que processa uma completa transformação de nível superior. Por exemplo, aparentemente ocorreram no Ocidente pelo menos duas transformações significativas.[105] (1) A transformação de uma adoração yogue-xamanística e panen-hênica num envolvimento verdadeiramente sutil e santo, epitomada talvez por Moisés, que, de acordo com a lenda, desceu do monte Sinai para contestar diretamente tal "adoração da natureza". (2) A transformação da adoração santa de Moisés na identidade causal, epitomada por Cristo e al-Hallaj, ambos assassinados "porque você, sendo um homem, faz-se passar por Deus".

Essas crises e conflitos de transformação religiosa são, creio eu, simplesmente um subconjunto do que acontece em cada nível de desenvolvimento à medida que uma estrutura nova e mais elevada surge para substituir ou incluir a anterior (e inferior). Meu ponto de vista é simplesmente que, no estudo do desenvolvimento religioso (como um subconjunto de princípios gerais de desenvolvimento), devemos ser sensíveis às diferenças na dinâmica histórica entre as rivalidades das estruturas superficiais e as revoluções das estruturas profundas, entre as crises de legitimação e as crises de autenticação.

AS NOVAS RELIGIÕES

Há muita literatura que trata dos novos movimentos religiosos na América; estes parecem constituir a prova decisiva de uma teoria sociológica. Nesta seção, aplicarei a teoria da sociologia transcendental de forma resumida.

1. Podemos mais uma vez começar com o trabalho de Bellah, pois considero sua análise da religião civil da América convincente. Não concordo que tenha sido uma religião autêntica, e sim mais precisamente uma religião legítima: forneceu mana bom num nível de filiação mítica e proporcionou símbolos de imortalidade em profusão. De acordo com Bellah (e outros), a religião civil americana sofreu uma hemorragia fatal nos anos 60, e as novas religiões, sob diversas formas, são, em grande parte, o resultado disso. O que se segue retrata minha *opinião* sobre o que aconteceu.

O antigo acordo civil-religioso de filiação tradicional já se encontrava sob tensão devido à crescente racionalização e consequente (saudável) desmitificação; a legitimação que ainda lhe restava finalmente rompeu-se sob a violenta investida combinada da política de estudantes radicais, racionalidade pós-convencional, Vietnã, epifanias espirituais (orientais) alternativas, incertezas econômicas e desmascaramento geral do nacionalismo americano. Quando o antigo acordo de translação finalmente se desintegrou, deixou em seu rastro *três linhas separadas de desenvolvimento*, linhas que já existiam até certo ponto mas agora expunham-se na forma e aceleravam o passo.

O setor de racionalização secular contínua, que agora domina as universidades, a mídia, as principais decisões diretivas políticas e técnicas, a *intelligentsia* e a visão de mundo dos indivíduos liberais mais cultos.

Um setor muito pequeno que, já criado numa atmosfera de secularismo racional crescente e mais ou menos adaptado a ele, começou a buscar, ou de fato evoluir, para a estruturalização yogue literal. O interesse por disciplinas yogues orientais, misticismo cristão e determinadas novas formas de psicoterapia intensiva evidenciaram uma sede por essa saturação transracional. *Contudo*, nem todos, nem mesmo a maioria dos indivíduos interessados nas "novas religiões", estavam autenticamente prontos para uma adaptação transracional e yogue verdadeira.

O acordo rompido encontrou um grande setor da população despreparado e incapaz de transformar-se numa individualidade responsável, pós-mítica e racional (sem falar na disciplina transracional yogue). Isso foi agravado pelo fato incontestável de que o curso de desenvolvimento (horizontal) da individuação racional não atuava com todo o seu potencial integrativo: não fornecia o mana bom de que é estruturalmente capaz. Assim, por várias razões, um número significativo de indivíduos foi alienado da sociedade racional individual, que surgia rápido se bem que precariamente. Na procura de alguma espécie de mana legítimo (verdade integrativa), alguns desses indivíduos buscaram consolo regressivo em vários símbolos de imortalidade pré-racionais e ideologias míticas. Eram basicamente de dois tipos:

Religião mítica fundamentalista: uma nova aparição na mitologia exotérica protestante, cheia de fúria proselitista, não perspectivismo evangélico, símbolos de imortalidade do tipo "salvo pelo pai" (de Édipo), sexismo patriarcal e obediência autoritária. Formado em grande parte por verdadeiros crentes, esse setor desejava, basicamente, restaurar o acordo rompido.

As religiões de culto da nova era, tais como Moonies, Hare Krishna, Jesus "freaks" etc., são essencialmente *idênticas* na estrutura profunda à religião mítica fundamentalista dos evangélicos, porém suas estruturas superficiais drasticamente diferentes apresentam a vantagem muito importante de permitir que se expresse, em tais cultos, o descontentamento tanto com a sociedade racional como com os próprios pais, caso esses pais já estejam expressando seu desagrado ante a racionalidade através de revivescências míticas. Vestir-se como um hindu pode tanto projetar desaprovação da sociedade como um todo quanto realmente atingir os próprios pais cristãos fundamentalistas; melhor ainda é vestir-se como Jesus Cristo.

Meu ponto de vista é simplesmente que "as" novas religiões

realmente envolvem pelo menos duas celebrações estruturais drasticamente diferentes: transracional, por um lado, e pré-racional, por outro. A primeira é basicamente (mas não apenas) uma manifestação de contínuo desenvolvimento pós-racional, transformação vertical e estruturalização superior, enquanto a última é amplamente (mas não apenas) um produto do fracasso na individuação racional (exposta quando se rompeu o acordo) e uma fixação/regressão às desvantagens estruturais pré-racionais, míticas e até ocasionalmente arcaicas (Manson, Jim Jones).[102]

2. Resta o possível papel que o setor místico autêntico possa ter na verdadeira transformação social em larga escala. O nosso modelo geral de mudança revolucionária (não apenas evolutiva) é o seguinte: a atual translação não consegue realizar suas tarefas integrativas confortadoras e específicas de fase, ou seja, suas unidades de significado não mais controlam o bom senso; muitos dos seus símbolos de imortalidade sofreram dano chocante (morte); a tensão estrutural começa a crescer, conduzindo o sistema a vários tumultos e perturbações; a estrutura começa eventualmente a afrouxar e quebrar-se; caso não haja sementes de cristal viáveis no antigo repertório translativo, o sistema voltará a formas inferiores ou desintegrar-se-á completamente; se existirem sementes de cristal viáveis, as tensões estruturais serão, então, absorvidas e canalizadas através delas, e o sistema como um todo desvencilha-se de seus conflitos num nível mais elevado de organização e integração estrutural. A antiga translação morre; decorre a transformação; nascem translações novas e superiores.

Onde procurarmos, então, essas sementes de cristal? Onde estão os encraves e os precursores da futura transformação? Por definição modelo, encontram-se mais provavelmente naqueles setores agora considerados "fora da lei" pelas leis e pelos correlatos da atual translação. Robbins e Anthony[77] citam Tiryakian:

> Se aceitarmos a noção de que as revoluções sociais envolvem essencialmente uma reordenação fundamental da estrutura social e se aceitarmos a suposição de que a ordem social é encarada essencial-

mente como um fenômeno moral pelos membros da coletividade, então deve haver uma nova fonte de moralidade envolvida na mudança social, que ao mesmo tempo dessacralize o atual sistema e prepare o caminho para a aceitação de uma nova ordem. [Isso representa o aspecto de morte e renascimento das revoluções sociais (já examinamos esse aspecto de morte/renascimento de todas as formas de transformação; ver capítulo 4).] Como a religião estabelecida representa um compromisso com as instituições seculares em evolução, o único outro hospedeiro do pensamento revolucionário, embora inconsciente, é o setor religioso não institucionalizado.

Assim, conclui Tiryakian, "importantes componentes ideacionais de mudança (por exemplo, mudanças na consciência social da realidade) podem com frequência originar-se em grupos ou setores não institucionalizados (fora da lei) da sociedade, cujos modelos de realidade poderão, em determinados momentos históricos, transformar-se naqueles que substituirão os padrões institucionalizados e tornar-se, por sua vez, novos projetos sociais".

Creio que tais declarações são verdadeiras, porém ajudaria se pudéssemos ser mais específicos. Observemos que, embora todas as verdades futuras estejam agora contidas nos setores fora da lei (por definição), nem todos os fora da lei são verdadeiros (do mesmo modo como na ciência somente as teorias que parecem absurdas hoje *podem* ser as verdades de amanhã, mas nem todas as teorias absurdas são por conseguinte verdadeiras – a maioria é, de fato, absurda hoje e amanhã). O mesmo ocorre com os "absurdos" sociais: na classe dos fora da lei em geral de qualquer sociedade, existem os pré-leis, os contraleis e os transleis, e aparentemente suas influências nas revoluções sociais diferem por completo.

Os pré-leis são indivíduos que, por diversas razões, não conseguem ou não querem ascender ao nível médio esperável de adaptação estrutural de determinada sociedade. Frequentemente terminam na cadeia (como ruidosos antileis) ou em instituições de saúde mental, embora muitas vezes sua estruturalização seja bastante benigna e apenas adicione, na falta de uma metáfora mais adequada, sal ao guisado da sociedade. Deve-se observar, porém, que a *maior parte* dos ensinamentos e das práticas denominadas "esotéricas" ou "ocultas" são, na minha opinião, pré-leis; constituem magia tenuemente racionalizada, *não* psíquica *nem* santa. A astrologia, o tarô, o *magick*, o vodu, o ritual festivo e outros, na maior parte, seguem exatamente a estrutura profunda da cognição de processo mágico/primário e – juntamente com outras formas de pré-lei, de consciência pré-convencional – *não* constituem sementes de cristal do futuro, a menos que o futuro implique regressão.

Os contraleis formam a maior parte do que livremente se chama de "contracultura". Nem pré-lei, nem translei, contralei é precisamente o reflexo no espelho da lei atual. Compõe-se em grande parte de mentalidade tipo adolescente, a qual, de maneira bastante adequada especificamente de fase, tenta estabelecer identidades individuais tomando cada faceta da lei atual e representando ou seu exato *oposto* (por exemplo, uma sociedade de cabelo curto produz uma contracultura de cabelo comprido) ou sua rigorosa *caricatura* (prove o controle sobre e, assim, a independência em relação a algo "exagerando", embora trate-se inicialmente de um posicionamento inconsciente e por conseguinte executado com grande seriedade; por exemplo, mamãe e papai bebem, serei um bêbado). Se alguma dessas tendências tornar-se exagerada, o contralei torna-se um antilei (e normalmente é preso). De um modo geral, contudo, "a contracultura pode ser descrita", diz Marin, "como o espelho tribalizado, ritualizado, da cultura nacional".[59]

Observemos em especial que, quando religiões yogue/santas autênticas são apresentadas aos contraleis, essas disciplinas são meramente transladadas para os termos do esforço de adaptação na racionalidade adolescente (ou seja, a contrarracionalidade). Tais disciplinas autênticas terminam, portanto, incorporando através da caricatura todos os valores predominantes das leis atuais e suas interpretações na sociedade. Nesse caso particular, "novos padrões espirituais, como a contracultura dos anos 60, não constituem realmente desafio nem antítese aos padrões culturais dominantes, antes refletem e elaboram esses padrões, inclusive o consumismo, o individualismo, a privatização espiritual e um fetichismo de 'técnicas' ".[77] Os contraleis podem tomar práticas espirituais autênticas e transformá-las em sensações caricaturescas, "tão egocêntricas", diz Bellah, "que começam a assemelhar-se ao modelo do consumidor de restaurante *self service*".[78]

Não quero dizer com isso que esses movimentos contraleis sejam triviais; não são transformativos, mas parecem atender a uma função útil para a sociedade *atual:* ajudam a desenvolver e estabilizar as translações especificadas da sociedade, permitindo que seus membros, em particular os da fase adolescente, adotem seus valores dominantes enquanto fingem não fazê-lo, assim concluindo de uma vez a necessária socialização e individuação. Ao permitir que os seus contraleis sobressaiam-se em tese, de fato prende-os. A falha em perceber esse ponto elementar levou mais de um especialista a confundir os contraleis com os transleis e proclamar o rejuvenescimento da América, a nova era de Aquário e assim por diante.

Analisamos até aqui os pré-leis e os contraleis (e possíveis antileis): os pré-leis representam um setor relativamente regressivo, ou encurralados em níveis de organização estrutural inferiores ao nível médio atual previsto de translação social ou explorando-os. Seu efeito em si é desintegrador; contudo, em pequeno número, e especialmente nas suas formas mais benignas, podem contribuir para a integração translativa global da sociedade, formando subsociedades que atendam suas próprias necessidades e, assim, poupem a sociedade da ruptura. Quando esse setor assume proporções significativas, entretanto, geralmente se torna uma fonte (ou um sintoma) do que só se pode chamar de "decadência", e se a sociedade como um todo considera opressivas suas próprias translações de nível mais elevado, pode ocorrer uma tendência verdadeiramente desintegrativo-regressiva. O exemplo clássico, evidentemente, é Roma.

Os contraleis, por outro lado, normalmente são úteis à integração translativa global da sociedade adotando seus valores fundamentais através de uma repetição caricatural oposta que permite simultaneamente o necessário processo de individuação e de moralização pós-conformista. Essa parece ser a base das oscilações de estilo que ocorrem com cada geração; os pais de Eisenhower geraram estudantes radicais que agora, como pais, dão à luz pequenos republicanos. O que pode ocasionalmente resultar dessa contraoscilação é uma redistribuição mais benigna das atuais translações; por exemplo, os protestos dos estudantes algumas vezes são protestos legítimos.

O ponto fundamental é que nem os pré-leis nem os contraleis parecem constituir setores significativos da verdadeira *transformação* social – não na escala emergente que abordamos agora. (Todas as espécies de "revoluções translativas" também são possíveis, naturalmente, em especial nos meios materiais de produção, nas inovações tecnológicas etc. Contudo, não envolvem necessariamente transformações efetivas nas estruturas de consciência.) Se as transformações sociais verdadeiras geralmente vêm de algum tipo de setor considerado presentemente fora da lei, o único que falta analisar é o da translei yogue. Seria útil, então, se pudéssemos especificar mais claramente o tipo de sementes de cristal yogues que poderiam causar a eventual transformação, porque o simples fato de ser translei, não importa quão autêntico, não garante a condição de catalisador *legítimo* de determinada transformação.

Talvez possamos presumir onde encontraremos os principais catalisadores futuros observando o estágio estrutural que eles substituirão. Sou da opinião de que, antes da ocorrência de uma transformação yogue verdadeira, a sociedade individual racional deverá primeiro atingir seu potencial máximo e fornecer as verdades, os valores e as subestruturas específicas de fase para os quais se destina e dos quais dependerão as futuras transformações, tais como tecnologia adequada, estrutura médica sofisticada, telecomunicações como vinculação global através do perspectivismo global, interfaces de processamento de dados como extensão da mente e, em especial, desmitificação da realidade, da divindade e da consciência.

Ocorre, a meu ver, que as primeiras tendências transformativas em *larga escala* virão através daqueles que já dominaram adequadamente a base operante individuada racional. Pois o *insight* yogue surge *através* e, em seguida, a partir da esfera da razão, não em volta ou distante dela nem contra ela. Virão do interior, esses yogues. Podem ter, a princípio, flertado com a filosofia yogue na sua fase adolescente contralei, mas posteriormente haverão de submeter-se à lei em si e, portanto, ocuparão uma posição firme para conscientemente transpô-la e não apenas reagir a ela de um modo inconsciente.

Se o cristianismo esotérico, místico, não fundamentalista será capaz de realizar essa transformação, ou se, inclusive, poderá sobreviver à desmitificação e à destruição prévia e necessária dos seus atavios exotéricos, patriarcais e míticos, não sei dizer. (Para uma excelente descrição de como esse cristianismo novo/renovado teria que parecer, ver *Lost Christianity*, de Jacob Needleman.) Porém, estou razoavelmente convencido de que uma das chaves para o *tipo* específico de transformação futura reside na *compatibilidade da estrutura superficial*, ou seja, numa compatibilidade entre as antigas e as novas translações, um *legado de legitimidade* (o antigo e o novo devem ser suficientemente diferentes para constituir uma transformação efetiva, mas suficientemente parecidos para encorajar as pessoas a saltar, por assim dizer). Consequentemente, as novas translações yogues provavelmente terão certas estruturas superficiais compatíveis com (e talvez ocasionalmente continuações diretas de) simbolizações de estruturas superficiais passadas. Por exemplo, a fase moderna de individuação racional, não importa quão diferente em outros aspectos de sua predecessora mítico-cristã, retém uma ênfase na personalidade e na individualidade, claramente judaico-cristã na origem e na natureza (Deus ama e protege almas individuais; a pessoa individual é acalentada aos olhos do Senhor; Deus em si é uma grande pessoa, e assim é Seu Filho etc.).

Devido a essa necessidade geral pela compatibilidade da estrutura superficial, não creio que as religiões orientais servirão como modelos em grande escala para a transformação ocidental, não importa quão significativas possam ter-se mostrado enquanto provocadoras. Sua influência será, com certeza, considerável, mas de maneira a ser finalmente transformada e assimilada pela nova perspectiva de mundo ocidental yogue, e não meramente transplantada *de uma só vez*. Consequentemente, se a transformação yogue não é esotericamente cristã, não me surpreenderia se surgisse um novo misticismo especificamente ocidental, embora compatível em termos superficiais com a simbologia cristã e a tecnologia racional. Eis um exemplo tolo, mas que já ouvi: a meditação yogue é chamada de "uma psicotecnologia de amor contemplativo". Na mesma linha, observemos três fenômenos cuja estrutura profunda é com frequência a do impulso místico, mas cujas estruturas superficiais são tais que praticamente só poderiam ter surgido na América: *biofeedback*, o uso difundido do LSD e *A Course in Miracles*. Trata-se, em alguns aspectos, de realizações yogue/santas autênticas que se tornaram bastante populares devido à *compatibilidade da estrutura superficial* com, respectivamente, a tecnologia americana, a medicina americana orientada para as drogas e a crença fundamentalista protestante americana na prece mágica. Minha opinião é simplesmente que o novo misticismo ocidental dirá todas as coisas certas, usará todos os símbolos corretos, suprirá todos os antigos desejos e começará a refazer o mundo ocidental.

3. As três grandes esferas do desenvolvimento humano – a subconsciência infantil, a semiconsciência adolescente e a superconsciência madura – caracterizam-se cada qual por uma atitude psicológica dominante: dependência passiva, independência ativa e capitulação ativamente passiva (situam-se como tese, antítese e síntese do relacionamento).[101, 93] O objetivo desta seção é mostrar que a primeira e a última atitudes são frequentemente confundidas pelos eruditos, uma confusão que gera certas conclusões errôneas sobre a natureza da comunidade espiritual.[102]

A dependência passiva reflete a disposição do autossistema do bebê e da criança, simplesmente porque ainda não está suficientemente desenvolvido para assumir a responsabilidade pelos intercâmbios relacionais de suas necessidades básicas de mana (fisiológicas, de segurança, de pertinência). Depende para a própria existência de trocas relacionais com parceiros específicos: a mãe, o pai, outras pessoas importantes. Devido à fragilidade de seus limites, está especialmente sujeito a deslocamentos traumáticos, rupturas, fragmentação e dissociação. Essas distorções revelam-se particularmente significativas para o desenvolvimento futuro, porque (como foi resumido no capítulo 3) tendem a reproduzir-se nos níveis superiores da organização estrutural quando esta surge e consolida-se. Como quando um grão de areia é capturado nas primeiras camadas de uma pérola, cada estrato sucessivo fica ondulado e enfraquecido num ponto de tensão que continua reproduzindo-se. Tais pontos de tensão para o jovem autossistema dizem respeito especialmente a sua relação com figuras disciplinares ou de autoridade, pois isso realmente representa, na maioria dos casos, a relação entre as próprias estruturas inferiores e pré-verbais, em particular os impulsos emotivo-sexuais e os agressivos, e as suas frágeis estruturas simbólico-verbais e mentais, cuja tarefa, entre outras, será subjugar e transformar os componentes emotivo-vitais em expressões mais elevadas; ou seja, a relação interpessoal entre a criança e o pai também é a relação interpessoal entre o próprio corpo e a mente da criança. Esta não consegue dominar ainda nenhuma dessas relações e, assim, ambas basicamente realçam a disposição fundamental da criança para a dependência passiva.

Tudo isso muda, ou pode mudar, na adolescência, com o surgimento da mentalidade crítica, autorreflexiva e autoconsciente.[54,66,101] A rebelião adolescente contra os pais revela-se em grande parte um sintoma externo da luta interna (e saudável) para distinguir-se de ou transcender a dependência infantil e a subconsciência mágico-mítica. A pré-lei da criança dá lugar à contralei do adolescente. Há uma oscilação correspondente na disposição, da dependência passiva geral para a independência ativa (mais uma vez, isto *pode* ir longe demais, da contralei para a antilei, mas, de um modo geral, trata-se apenas de uma diferenciação e uma transformação saudáveis).

A disposição adolescente de independência ativa representa uma forma de transcendência específica de fase – a transcendência da dependência subconsciente para a responsabilidade autoconsciente.[101] Se, contudo, persiste além do seu momento específico de fase – o que ocorre na maioria das culturas ocidentais –, age meramente para *evitar* a manifestação da disposição madura de uma capitulação ativamente passiva da individualidade isolada à sua própria natureza superior e anterior, ou superconsciência radical, como em todo o processo mundial de um modo geral. Trata-se de uma *capitulação* na medida em que a fanfarronice da adolescência tem de ser abandonada – morta – para abrir caminho ao renascimento nos níveis superconscientes. É *passiva* no sentido de que o centro de impaciência latente conhecido como ego deve eventualmente relaxar sua contração crônica diante de uma percepção mais ampla. Além disso, é *ativamente* passiva porque não representa uma mera submissão do tipo transe, mas impõe um esforço de concentração, percepção e vontade extremamente aguçado para atravessar a racionalização obsessiva e o fluxo de pensamento contraído que constituem o ego. No gesto da capitulação ativamente passiva, os centros superiores do potencial superconsciente são *ativamente* engrenados, o ego rende-se aberto e *passivo* e, consequentemente, o senso do eu egoico pode relaxar, e *capitular* como tal, nas correntes mais amplas de existência e percepção que constituem a meta e o fundamento do próprio desenvolvimento – uma capitulação que assinala o fim da sua autoalienação.[7, 22, 45, 105]

A única razão pela qual estou abordando tudo isso é que a disciplina da capitulação ativamente passiva, especialmente sob a orientação de um reconhecido mestre espiritual, está sempre sendo confundida com a dependência passiva infantil.[93, 102] Com "sempre" quero dizer, especificamente, que a grande maioria dos psicólogos e sociólogos ortodoxos não querem, ou não são capazes, de perceber a diferença entre o desamparo e a dependência pré-pessoal numa figura paterna de autoridade e a entrega transpessoal e a submissão através de um adepto espiritual. Para esses especialistas, obviamente, a atitude do adolescente de independência ativa e violento isolamento constitui não um momento específico de fase no arco maior do desenvolvimento, e sim a meta e o estágio mais elevado do próprio desenvolvimento, em consequência do que qualquer outra atitude é encarada com um fascínio acadêmico repulsivo.

Ora, é certamente verdadeiro que muitas das "novas religiões", ou pelo menos os novos cultos, fundamentam-se na dinâmica da regressão/fixação pré-pessoal, com a consequente obediência a uma figura paterna/mestre totem, com uma fusão e indissolução eu-clã (mística da participação), com rituais grupais, encantamentos mágicos, obras apócrifas míticas. Os membros do culto ao clã mostram com frequência disposições fronteiriças à neurose e à psicose; ou seja, baixo poder do ego, imersão concreta na experiência com dificuldade de captar situações abstratas, envolvimento narcisista, baixo amor-próprio com dificuldade correlativa de lidar com a ambiguidade moral, as contradições ou as estruturas de escolha.[4, 56, 59] O culto ao clã é magnético para tais personalidades, porque ele (e normalmente o seu mestre totem) proporciona e favorece uma atmosfera de dependência passiva ao autoritarismo, o que recria a disposição específica da criança à qual tais personalidades continuam psicologicamente presas. Os cultos não precisam realizar uma "lavagem cerebral" em tais membros; basta aparecer e sorrir.

Por suprir a disposição de dependência passiva específica da criança, a única coisa *não* permitida no culto ao clã é a prática da independência adolescente ativa, especialmente a prática da autorreflexão racional, da avaliação crítica, do raciocínio lógico e do estudo sistemático de filosofias alternativas. Isso, ligado à obediência ao mestre totem, ou ao "pai" mágico de todo o clã, constitui grande parte do fundamento psicológico do culto.

Para o olho leigo, uma comunidade de elementos contemplativos transpessoais – que os budistas denominam *sangha* – muitas vezes parece semelhante ou mesmo idêntica ao culto ao clã, principalmente porque, suponho, está intimamente ligada a e normalmente organizada em torno de um adepto espiritual mantido em diversos graus de veneração ou pelo menos de profundo respeito. Essa comunidade também se interessa em anular a independência adolescente ativa, porém num sentido completamente diferente – o da sua transcendência, não o da sua proibição. De fato, como cada estágio superior transcende mas *inclui* seus predecessores, a verdadeira *sangha* sempre *mantém o acesso a* e conserva um local apropriado para a investigação racional, reflexão lógica, análise sistemática de outras estruturas filosóficas e avaliação crítica dos próprios ensinamentos à luz de áreas afins. Na verdade, historicamente, os centros místicos de contemplação foram com frequência os grandes centros de educação e aprendizado – Nalanda, na Índia, por exemplo, ou os centros budistas Tien Tai, na China. Needham[64] já demonstrou que o misticismo e a investigação científica têm estado, em geral, historicamente ligados, simplesmente porque ambos sempre rejeitaram a crença dogmática e insistem na experiência aberta.

O ponto importante é que o que se tenta "destruir" na contemplação *não é a mente, mas uma exclusiva identificação da consciência com a mente.*[101, 102] O bebê/criança identifica-se mais ou menos exclusivamente com o corpo; quando a mente adolescente surge, destrói a identificação exclusiva com o corpo mas não o corpo em si; subordina o corpo a sua identidade mental mais ampla. Do mesmo modo, quando o espírito manifesta-se, destrói a identidade exclusiva com a mente (e o corpo que lhe é subordinado) mas não a mente em si; submete a mente a sua identidade suprema mais ampla.[102] A mente em si é perfeitamente valiosa como o é a sua investigação crítica e livre em qualquer área teórica.

A sensação adolescente do eu separado, afinal uma identificação exclusiva com a mente numa atitude de independência violentamente machista, não é lá muito valiosa; consequentemente, muitos exercícios preliminares nas comunidades contemplativas destinam-se especificamente a lembrar ao ego o seu lugar intermediário e específico de fase no desenvolvimento global. Exercícios como a simples reverência no zen, as prostrações no vajrayana ou o obrigatório ritual comunitário do *dharma* nas seitas monásticas constituem sinais externos e visíveis de uma capitulação interior e ativamente passiva a um estado de ser abnegado mais panorâmico do que o ego. A meta final de tais práticas é manter a mente, porém transcender a sensação egoica do eu através da descoberta de um eu mais amplo na dimensão espiritual da Criação como um todo.

Ora, isso difere radicalmente da estratégia do culto ao clã de *reduzir* o eu à dependência pré-pessoal e passiva através da restrição e proibição do livre envolvimento na reflexão crítica. A meta da *sangha* é manter a mente e transcender o ego; a meta do culto é proibir ambos.

Já percebi que na prática nem sempre é fácil determinar se dada comunidade representa um culto ou *sangha* – como na maioria das situações da vida, existe uma espécie de *continuum* entre limites ideais. Sinto, porém, que os critérios acima oferecem pelo menos uma base aceitável para a distinção psicodinâmica entre esses grupos (para uma expansão desses critérios, ver Wilber[106]). Há evidentemente muita pesquisa a realizar nessa área, mas falando ao mesmo tempo como indivíduo e como psicólogo transpessoal, creio que os psicólogos e sociólogos ortodoxos poderiam mostrar um pouco mais de imaginação ao descrever a psicodinâmica de uma conjuntura comunal; eles quase tornaram Jonestown um modelo de reuniões "espirituais". Gostaria apenas de sugerir um esforço genuíno no sentido de diferenciar a dependência passiva específica da criança da capitulação madura ativamente passiva, com uma distinção correlativa entre os cultos pré-pessoais e as *sanghas* transpessoais.

4. Enfatizei, por todo este livro, o que a sociologia poderá ganhar com uma infusão de psicologia (particularmente da psicologia transpessoal). Gostaria de salientar, contudo, que se trata de uma via de mão dupla, e a psicologia (especialmente a psicologia transpessoal) tem muito a ganhar com um estudo da sociologia moderna, especialmente da sociologia das religiões. Desse modo, quero encerrar este capítulo reproduzindo minha crítica a *In Gods We Trust: New Patterns of Religious Pluralism in America* (orgs.: Robbins e Anthony), publicado no *Journal of Transpersonal Psychology*. Esse livro representa tipicamente a espécie de investigação sociológica séria e disciplinada que ocorre no momento, relativa a vários novos movimentos religiosos na América (embora quase pudéssemos dizer, com algumas modificações superficiais, no mundo ocidental como um todo). Outros volumes desse tipo estão agora em processo de compilação. Sem dúvida uma boa notícia para a psicologia, a sociologia *e* a religião.

Meus comentários sobre esse livro, embora nem de longe sejam tão detalhados quanto os apresentados no presente trabalho, poderão, contudo, servir como resumo geral do que expusemos até aqui e como indicação do tipo de diálogo interdisciplinar do qual depende o futuro deste campo.

Admitindo que a psicologia seja sempre também psicologia social, um estudo das "novas religiões" a partir de uma perspectiva indiscutivelmente sociológica teria grande significado para a psicologia em geral e para a psicologia/terapia transpessoal em particular, principalmente se levarmos em conta que a "sociologia transpessoal" é uma disciplina que ansiosamente espera para nascer. *In Gods We Trust* é, acredito, a primeira abordagem rigorosamente sociológica dos novos movimentos religiosos; como tal, possui toda a energia de um esforço realmente pioneiro e algumas das inevitáveis fraquezas; de qualquer modo, sua existência é de monumental importância.

A antologia tem como ponto de partida (e em muitos aspectos como tema principal) o conceito influente de "religião civil" de Robert Bellah, e sua recente desintegração. A ideia resume-se em que, não importa que outra função tenha a religião, ela serve fundamentalmente como uma maneira de integrar e legitimar uma visão de mundo (dr-2 e dr-8). De acordo com Bellah, a religião americana civil é (ou foi) uma mistura de simbolismo bíblico e nacionalismo americano ("Uma nação sob Deus"), uma "religião" que serviu adequadamente à integração social, à ética e ao propósito para a melhor parte da história americana. Contudo, em décadas recentes, de acordo com Bellah e outros, a religião civil americana começou a desintegrar-se ou, tecnicamente, a perder sua legitimidade (o que Bellah chama de "acordo rompido"). Admitindo (como fazem esses teóricos) que a religião como função integradora (dr-2) retrata uma necessidade ou um impulso universal, ocorre que alguma coisa teria de substituir a antiga religião civil; daí as novas religiões das ultimas décadas: "A atração pelo misticismo oriental e os grupos de terapia quase místicos pode ser mais bem compreendida em relação às necessidades criadas por esse declínio [na religião civil]".

A partir desse ponto, a antologia segue progressivamente para várias teorias sociológicas, pesquisa e dados, ordenados em seis seções. Os subtítulos contam a história: *Efervescência religiosa e transformação cultural*; *Desencanto e renovação nas tradições de primeira linha*; *Seitas da religião civil, misticismo oriental e grupos de terapia*; *A explicação da lavagem cerebral* (como não discutirei esse tópico no decorrer desta análise, quero assinalar que esse livro coloca-se como uma firme acusação contra a teoria da "lavagem cerebral" onde quer que apareça; os fatos simplesmente não justificam tal teoria explanatória, mesmo com grupos problemáticos como os Moonies); *Novas religiões*; e *O declínio da comunidade*. Eis aqui os pontos principais:

O "Political Aspects of the Quietistic Revival", de Robert Wuthnow, desafia efetivamente o antigo e persistente preconceito (encontrado em pesquisadores de Weber a Freud) de que existe uma " 'relação hidráulica' entre a religião experimental e o engajamento político em que, quanto mais mística a pessoa, menos provável que se envolva em atividade (social ou) política". Com base em dados empíricos, Wuthnow demonstra que aqueles atraídos pelo misticismo não são menos engajados socialmente, ao contrário, constantemente classificam-se em posição elevada na maioria das categorias de engajamento social (por exemplo, o valor do progresso social, direitos iguais para as mulheres, a solução de problemas sociais etc.). O "Social Consciousness in the Human Potential Movement", de Donald Stone, refere-se ao mesmo tema. Baseando-se em dados sistematicamente coletados, Stone afirma que pelo menos alguns (não todos) dos movimentos potenciais humanos tendem a aumentar a responsabilidade social através da redução, e não do aumento, do retraimento narcisista, contra Lasch e outros críticos (embora isso de forma alguma invalide todos os argumentos de Lasch, que aparentemente aplicam-se a alguns dos movimentos da "nova era", com o diferencial permanecendo sem especificação – um diferencial que apresentei como pré-lei *versus* translei).

O capítulo de Robert Bellah representa um esclarecimento do conceito de "religião civil", bem como um argumento convincente de que, com efeito, a constituição americana implícita mas decisivamente admitiu que a disciplina (ou propósito) moral caberia sempre à Igreja, de modo que, como a Igreja agora declina, não existe um substituto moral nacional evidente; algumas das novas religiões oferecem, então, não uma substituição legítima para o vínculo moral fraturado, e sim uma evasão privativa ("tão egocêntricas que começam a assemelhar-se ao modelo do consumidor de restaurante *self service*").

A própria contribuição de Robbins e Anthony inclui uma excelente introdução – talvez o melhor capítulo da antologia; uma crítica completa e devastadora do modelo de lavagem cerebral; e um relatório introspectivo sobre a comunidade Meher Baba. Este último é especialmente importante, por demonstrar que se pode executar uma análise sociológica sofisticada (basicamente parsoniana) numa comunidade espiritual sem denegri-la de forma reducionista ou a seus ensinamentos. (Com isso, transcende em todos os aspectos, embora de modo sutil, o rigoroso parsonianismo.)

Finalmente, de modo geral, os dados sociológicos empíricos apresentados no volume são ao mesmo tempo interessantes e significativos, demonstrando o poder considerável da metodologia sociológica.

Como os psicólogos tendem a estudar árvores e não florestas, e como os sociólogos tendem a estudar florestas e não árvores, essas disciplinas parecem sempre precisar de equilíbrio através do diálogo interdisciplinar. Isso parece especialmente verdadeiro com relação à psicologia e à sociologia da religião. Por exemplo, um psicólogo transpessoal poderá desejar assinalar que alguns dos capítulos do livro contêm tendências reducionistas sutis. Por exemplo, se as "novas religiões" refletem basicamente o resultado da desintegração da religião civil americana, é tudo que são? O que o zen-budismo oferece é essencialmente a mesma coisa que a religião civil oferecia? Muitos sociólogos afirmam que sim; um psicólogo transpessoal provavelmente diria que não. A religião civil propunha uma integração de egos; o zen-budismo, a sua transcendência – um fato que a sociologia como tal tende a deixar passar. (Embora eu deva mencionar que os editores deste volume revelam-se, em seus próprios trabalhos, fortemente harmonizados com essa distinção.) Um psicólogo transpessoal deve, então, reconhecer a perspectiva sociológica alegando que o colapso da antiga religião civil foi necessário mas não suficiente para criar o recente interesse nas religiões místicas autênticas. Necessário no sentido de que, se não tivesse havido nenhuma desarmonia nas religiões ortodoxas, não se procuraria outra coisa; não suficiente na medida em que as novas tradições autenticamente místicas oferecem algo nunca oficialmente oferecido pelas religiões civis ou ortodoxas: a verdadeira transcendência (e não apenas a imersão comunal).

Pelas mesmas razões, um psicólogo transpessoal poderá salientar que parece existir uma forte diferença entre o crescimento *transpessoal* e a regressão *pré-pessoal*; que algumas das pretensas novas religiões ou novas terapias são realmente pré-pessoais, e não transpessoais; que esses movimentos pré-pessoais são na verdade frequentemente narcisistas, cultistas, autoritários, antirracionais e egocêntricos (embora através do "eu grupal" – ou seja, filiação mítica); e esses movimentos cultistas – Jonestow, Synanon, Filhos de Deus – certamente não se equiparam às autênticas *sanghas* transpessoais, ou às comunidades contemplativas – como, talvez, vários centros budistas genuínos (zen, vajrayana, theravadin), encraves místicos cristãos, alguns centros yogues etc. Uma vez mais, porém, a sociologia como sociologia (ou o funcionalismo despojado do estruturalismo hierárquico) tende a deixar passar esses tipos de distinção, pois enxerga apenas o que essas florestas têm em comum: todas diferem das principais religiões ortodoxas.

Porém, se temos aí exemplos do que a sociologia pode aprender com a psicologia transpessoal, *In Gods We Trust* é um compêndio extraordinário do que os psicólogos transpessoais podem aprender com a moderna sociologia. Pretendo explicitamente incluir os psicólogos em geral, mas os psicólogos e terapeutas transpessoais em particular; pois, como dissemos, se tais teorias não bastam para os transpessoalistas, permanecem absolutamente necessárias. Do mesmo modo como a psicanálise de produções realizadas "no divã" não pode revelar a situação do equilíbrio mental da sociedade como um todo, o estudo das produções realizadas "no tatame de meditação zen" não pode discorrer sobre correntes sociais mais amplas e igualmente significativas. Na minha opinião, muitos dos recalcitrantes problemas teóricos enfrentados pela psicologia transpessoal já foram em grande parte respondidos pela sociologia da religião, e *In Gods We Trust* é exatamente um compêndio de tais respostas.

Essa antologia é ainda mais significativa em virtude do envolvimento dos seus editores. Dick Anthony, por exemplo, está bastante ciente da diferença entre os movimentos regressivos, pré-pessoais e pré-racionais e os assuntos progressivos, transpessoais e transracionais. Seu trabalho está impregnado por uma sensibilidade genuína com relação às interpretações não reducionistas das realizações espirituais. Além disso, juntamente com Jacob Needleman, Thomas Robbins e outros, inicia, quase sem ajuda o diálogo entre os sociólogos ortodoxos e os psicólogos transpessoais. *In Gods We Trust* não representa esse diálogo – é (e teve a intenção de ser) uma genuína antologia sociológica, com pouca psicologia transpessoal ou qualquer outra. Porém, além dessa meta declarada e completamente atingida, o trabalho também revela-se um convite a um futuro diálogo com os psicólogos transpessoais, um convite ao qual tenho certeza que os psicólogos em geral, e os psicólogos transpessoais em particular, atenderão entusiasticamente.

8. O conhecimento e os interesses humanos

Neste capítulo, gostaria de tomar o trabalho de Habermas sobre o conhecimento e os interesses cognitivos como ponto de partida para expandir a sociologia, e em especial uma sociologia crítica, numa formulação verdadeiramente mais abrangente, capaz de encerrar um *conhecimento* e um *interesse* autenticamente espirituais ou realmente transcendentais. Como quero apenas sugerir certas possibilidades, conduzirei o estudo num nível mais preliminar e generalizado que de costume.

Habermas[38] distingue três métodos principais de investigação sobre o conhecimento: o empírico-analítico, que lida com processos objetificáveis; o histórico-hermenêutico, que visa uma compreensão interpretativa das configurações simbólicas; e o crítico-reflexivo, que compreende as operações cognitivas (passadas) e sujeita-as, assim, a uma medida de *insight*.

A parte especialmente interessante da teoria de Habermas é que cada método está intrinsecamente ligado a uma espécie de *interesse* humano, pois o conhecimento como conhecimento é sempre alvo ou agente de alterações. Para que possamos ter uma ideia do que Habermas quer dizer com interesses cognitivos, se cada vez que alguém quisesse saber alguma coisa perguntasse a si próprio: "*Por que* quero saber isso?" e, então, removesse todos os motivos puramente pessoais/idiossincráticos, obteria o *interesse cognitivo geral* que orienta o processo particular de investigação.

De acordo com Habermas:[38] "A abordagem das ciências empírico-analíticas incorpora um interesse cognitivo *técnico*; a das ciências histórico-hermenêuticas, um *prático*: e a das ciências de orientação crítica, um *emancipatório*". O interesse *técnico* é aquele que prediz e controla os eventos no meio ambiente objetificável. O interesse *prático* consiste em entender e compartilhar as reciprocidades de vida, moralidade, propósito, metas, valores e que tais. O interesse *emancipatório* resume-se em liberar as distorções e repressões de trabalho, linguagem ou comunicação, resultantes da falta de clareza ou do fato de não serem constantemente examinados com percepção crítica. (Neste ponto, lembro ao leitor que já distinguimos entre a emancipação horizontal, que visa uma reparação das distorções dentro de qualquer nível apresentado, e a emancipação vertical, que tem como meta alcançar totalmente um nível superior. Habermas aborda somente a primeira, e consequentemente sempre me referirei ao seu interesse como emancipatório horizontal.)

Tomarei agora dois atalhos. Primeiro, usarei apenas nossos três domínios gerais do sub, auto e superconsciente, com os nomes de físico-sensório-motor, mental racional e espiritual transcendental ou, para abreviar, corpo, mente e espírito. O corpo possui um grau de conhecimento pré-simbólico ou sensorial; a mente trabalha com o conhecimento simbólico; e o espírito lida com o conhecimento *transimbólico* ou gnose. Observemos que a mente, representando *o* modelo simbólico, pode formar símbolos *de* cada um dos três domínios; do mundo material, do próprio mundo mental e do mundo espiritual. Esses três modelos de conhecimento simbólico, quando juntados à gnose transimbólica e à percepção pré-simbólica, fornecem cinco modelos gerais de cognição. A figura 4 mostra esses modelos.

Figura 4

Cinco modelos gerais de cognição

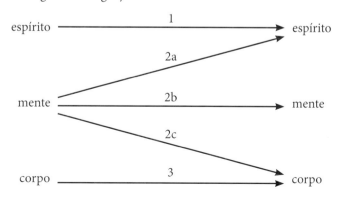

O número 1 representa a gnose espiritual, ou o conhecimento direto e sem intermediários *do* espírito *como* espírito. O 2a é o que se tem chamado de razão paradoxal ou mandálica, por significar a tentativa da mente de atribuir símbolos mentais ao que é essencialmente transmental, com um resultado sempre paradoxal. O 2b é o conhecimento da mente sobre outras mentes ou a percepção de um símbolo quanto a outros símbolos, como por exemplo quando você lê isto. O 2c é a percepção mental do mundo físico e sensorial, ou dos modelos/símbolos empregados para representar o mundo pré-simbólico. O número 3 indica a compreensão sensório-motora do mundo sensório-motor, ou o entendimento pré-simbólico do mundo pré-simbólico.

Na minha opinião, essas formas de conhecimento *fundamentam-se* nos próprios níveis de organização estrutural. As estruturas profundas da consciência de desenvolvimento ou autoproduzidas prescrevem as próprias *formas* dessas cognições; nesses aspectos são invariáveis, profundamente enraizadas, naturais e coletivas (embora, é claro, suas estruturas superficiais sejam em grande parte culturalmente moldadas e condicionadas).

Meu segundo atalho é identificar o modelo empírico-analítico de Habermas com o número 2c, ou a percepção mental do mundo empírico-sensorial; e o seu modelo histórico-hermenêutico com o 2b, ou a interação da mente com outras mentes. Trata-se de um atalho porque as distinções não são precisas; por exemplo, porquanto o momento hermenêutico tenha empiricamente um componente objetivo, esse componente pode se tornar objeto de uma investigação empírico-analítica; da mesma forma, porquanto um momento sensório-objetivo esteja sujeito a um entendimento interpretativo, pode-se tornar objeto de uma investigação histórico-hermenêutica. Contudo, sou da opinião de que a forma central, o paradigma em si, da investigação empírico-analítica é a mente simbólica que reflete o mundo pré-simbólico, e o modelo da investigação histórico-hermenêutica é a mente simbólica que interage com a mente simbólica. Resumindo, o primeiro constitui a mente refletindo a matéria; o segundo, a mente refletindo a mente. Portanto, como generalização, usamos o número

2b como histórico-hermenêutico e o 2c como empírico-analítico, e atribuímos os seus respectivos interesses cognitivos, prático-morais e técnico-proféticos, todos relacionados na figura 5.

Como vamos, então, interpretar o interesse emancipatório horizontal de Habermas, o interesse de "esclarecer" as distorções no intercâmbio relacional de cada nível importante? Se o conhecimento e os interesses humanos realmente fundamentam-se nas *estruturas*, deveríamos poder apontar uma estrutura central como paradigmática para esse interesse emancipatório (como fizemos com o número 2c para o empírico-técnico etc.). Contudo, por razões que se tornarão mais evidentes à medida que prosseguirmos, nenhum dos cinco modelos cognitivos atende perfeitamente aos requisitos. Em primeiro lugar, o interesse emancipatório horizontal pode aparentemente operar em todos ou quase todos os níveis. Em segundo, não é *necessariamente* ativo, mas passa a existir somente se tiver havido distorções que exijam esclarecimento. Habermas[38] expressa-se assim:

> Em comparação com os interesses técnicos e práticos no conhecimento, ambos fundamentados em estruturas de ação e de experiência profundamente enraizadas [invariáveis? (ou seja, profundas?)] [...], o *interesse emancipatório* (horizontal) *no conhecimento* possui uma posição derivativa. Garante a ligação entre o conhecimento teórico e um "domínio-objeto" da vida prática que passa a existir como resultado de uma comunicação sistematicamente distorcida e uma repressão superficialmente legitimada.

Em outras palavras, o interesse emancipatório horizontal em si não está tão enraizado em estruturas específicas, pois nesse caso estaria em constante atividade, e sim na *tensão* estrutural causada pela distorção estrutural, e sua meta é remover a origem da tensão. Uma vez esclarecidas as distorções, o interesse emancipatório horizontal perde a fonte de energia. Não é, portanto, de espantar que os dois únicos importantes exemplos de tais interesses emancipatórios horizontais fornecidos por Habermas (além do seu próprio trabalho) sejam a psicanálise freudiana e a crítica materialista marxista.

Simplificando, a necessidade da psicanálise surge apenas quando alguma coisa "sai errada" no desenvolvimento psicológico. As distorções psicológicas – repressões e opressões – causam tensões psicológicas; essas tensões podem ser eliminadas somente através de uma reflexão crítica, ou de uma análise, do que "saiu errado", e esse conhecimento crítico-reflexivo tem como *interesse* a *emancipação* dessas distorções, obstruções e repressões. A crítica material-econômica marxista opera de modo semelhante – as opressões econômicas do passado (históricas) causam tensões sociais. Essas tensões (luta de classes, falsa consciência, trabalho alienado, ideologia obtusa) podem ser solucionadas apenas através de uma análise crítica da sua gênese histórica (de desenvolvimento), com um interesse na emancipação de tais distorções econômicas opressivas. O que o próprio Habermas faz, com sua filosofia de ética comunicativa, é empregar a investigação crítico-reflexiva e o interesse emancipatório horizontal numa tentativa de esclarecer e, então, corrigir as distorções e limitações impostas sobre o que deveria ser um *intercâmbio comunicativo* livre e aberto. A opressão da comunicação e do intercâmbio intersubjetivo dá origem a distorções no próprio discurso (e na verdade) – sendo a propaganda o exemplo mais simples. Tal "comunicação sistematicamente distorcida e repressão superficialmente legitimada" geram ao mesmo tempo a possibilidade e a necessidade de uma investigação crítico-reflexiva de tais distorções com interesse na emancipação de tal comunicação obtusa. *Em todos os três casos*, uma vez eliminadas as distorções, a necessidade da análise e o interesse na emancipação tendem a declinar, pois atenderam à sua finalidade ao dissolver a origem das distorções.

Gostaria apenas de acrescentar que, na minha opinião, o fato de Freud e Marx terem-se conscientizado da importância do intercâmbio comunicativo nos seus diversos campos não deveria esconder o fato de que a obstrução material-econômica (que interessava muito, mas não só, a Marx), a obstrução emotivo-sexual (que interessava muito, mas também não só a Freud) e a obstrução comunicativa (que interessa muito, mas não só, a Habermas) referem-se a níveis estruturais bastante diferentes de troca relacional e distorção potencial. *O interesse emancipatório horizontal pode entrar em ação com relação a cada um deles*, porém a dinâmica verdadeira difere ligeiramente em cada caso porque o domínio-objeto de cada um possui uma estrutura diferente. Colocando a coisa em termos simples, "esclarecer" a matéria, esclarecer o sexo e esclarecer a comunicação são formas de emancipação horizontal, porém a dinâmica concreta difere em cada caso porque as dinâmicas da matéria, das emoções e dos pensamentos são diferentes. Afinal de contas, o assassinato de Sócrates, por exemplo, não resultou de uma distorção econômico-material nem de uma repressão emotivo-sexual, e sim da opressão comunicativa. Essas várias distorções, como os níveis que contaminam, são hierárquicas; e nessa hierarquia infectada, o que Marx fez *essencialmente* para a esfera material, e Freud *essencialmente* para a esfera emocional, Habermas realiza agora essencialmente para a esfera comunicativa (mental). Esses três teóricos aparecem como exemplos do interesse emancipatório horizontal nesses níveis. (Ainda aguardamos o analista que examine tão brilhantemente as distorções e opressões da espiritualidade, a repressão da transcendência, a política do Tao, a negação do Ser pelos seres.)

Podemos agora preencher a figura 5, acrescentando as outras formas de conhecimento e os seus respectivos interesses. Sugiro experimentalmente o seguinte: o interesse do modelo número 3, ou o conhecimento físico do mundo sensorial, é *instintivo;* os planos da cognição sensório-motora fundamentam-se na sobrevivência instintiva. O interesse do modelo 2a, ou a tentativa da mente de raciocinar sobre o espírito, é *soteriológico* – interesse na salvação; uma tentativa de compreender o espírito em termos mentais, seja para orientar-se no sentido da atração exercida por uma intuição transcendental ou para ajudar a "descrever" o reino espiritual para aquelas mentes ainda não tão *interessadas*. (A imagem é sempre paradoxal, como Kant e Nagarjuna explicaram, porém isso não afeta o interesse humano no divino nem limita a utilidade do raciocínio mandálico; por exemplo, há um tipo de informação útil que acompanha a afirmação paradoxo-mandálica de que o espírito é ao mesmo tempo perfeitamente transcendente e imanente.) O interesse da gnose, modelo número 1, ou o conhecimento do espírito como espírito, é *liberativo* – interesse na liberação radical (*satori*, *moksha*, *wu*, desprendimento). Enquanto o interesse soteriológico deseja apresentar ao eu um conhecimento superior, o interesse liberativo visa dissolver o eu num conhecimento superior como esse conhecimento, ou seja, como conhecimento do espírito sobre e como espírito. O primeiro almeja, como eu, ser alvo pelo espírito; o segundo almeja, como espírito, transcender o eu.

Resta falar a respeito do interesse emancipatório vertical. Como seu primo, o interesse emancipatório horizontal, é mais propriamente gerado por uma *tensão* estrutural do que por uma estrutura específica, e o seu interesse consiste em remover a origem da tensão. Porém, aqui a origem não é uma tensão *dentro* de um nível particular, e sim uma tensão *entre* níveis; especificamente, a tensão de *emergência*, a tensão de uma transformação iminente, ou um deslocamento vertical nos níveis da organização estrutural. A meta desse interesse emancipatório vertical é libertar a consciência, não de alguma distorção que possa ou não acontecer dentro de um nível, mas da perspectiva relativamente limitada oferecida por esse nível, mesmo na melhor das hipóteses – e fazer isso expandindo a consciência para o nível superior seguinte da organização estrutural. Esse interesse não pode ser diminuído através da eliminação das distorções dentro de um nível, mas somente pela manifestação do nível superior seguinte. Podemos supor, então, que o interesse declina temporariamente, até (e se) as limitações inerentes ao nível seguinte começarem a manifestar-se cada vez mais, e a emancipação *desse* nível, e não *dentro* dele, passa a externar-se progressivamente. Salvo algum impedimento, tal interesse emancipatório vertical continuará periodicamente até a emancipação final, ou seja, até um *satori*. Nesse ponto, a última forma do interesse emancipatório vertical coincide precisamente com o interesse liberativo; ou seja, os dois são um só no limite assintótico de crescimento. Em síntese, o interesse da emancipação horizontal é desobstruir a translação; o interesse da emancipação vertical é promover a transformação.

A figura 5 relaciona todos esses modelos de conhecimento e seus interesses.

Figura 5

Modelos de conhecimento e seus interesses

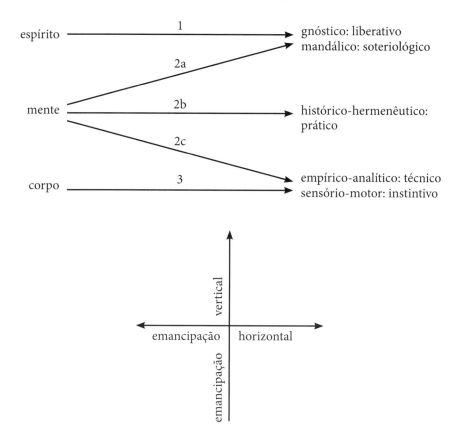

Minha opinião, então, apesar de introdutória, é que quando incluímos esses diversos modelos e interesses do conhecimento humano nos vários níveis da organização estrutural e do intercâmbio relacional do indivíduo composto, com todos os corolários e desdobramentos psicossociais apresentados nos outros capítulos, temos o esboço de uma teoria sociológica razoavelmente abrangente (embora longe de ser completa): um esqueleto, por assim dizer. Temos aqui a maioria dos ossos, mesmo que não saibamos ainda tudo que penduraremos neles. Ao menos, porém, abrimos um espaço perfeito e adequado para as dimensões pré-pessoais, pessoais e transpessoais da existência – seus níveis, seu desenvolvimento, a natureza de seu intercâmbio social, suas possíveis distorções repressivas (psicológicas) e opressivas (sociais), seus modelos de conhecimento e de interesse, sua organização estrutural, suas relações funcionais. Trata-se, também, de uma teoria sociológica verdadeiramente *crítica* e *normativa*, em virtude dos dois interesses emancipatórios que se eriçam sempre que surgem a falta de liberdade e a falta de clareza estrutural. Essa dimensão crítica (o que saiu errado) e normativa (o que deveria sair certo), especialmente na sua forma vertical, não se baseia *em* preferência ideológica, inclinação dogmática ou conjectura teórica, e sim *na* direção observável, verificável e inerentemente preferida do desenvolvimento e da evolução estrutural, uma direção que se revela em sucessivas emancipações hierárquicas que transmitem (*elas próprias*) julgamentos aos seus predecessores menos transcendentais.

9. Metodologia, resumo e conclusão

Gostaria de resumir e concluir este perfil fornecendo um exemplo de metodologia aplicada na investigação sociológica de um grupo religioso, com ênfase específica sobre qualquer parecer psicoterapêutico que possa ser solicitado (não que tal terapia seja necessária, mas o tema parece sempre vir à baila quando lidamos com "grupos religiosos", e assim aproveitarei a oportunidade para tecer um comentário geral). Trata-se apenas de um exemplo específico da metodologia sociológica global inerente ao modelo que apresentamos no decorrer deste livro.

ANÁLISE ESTRUTURAL (DETERMINAÇÃO DA AUTENTICIDADE)

1. Sempre que os sociólogos deparam com uma expressão aparentemente religiosa, podem efetuar, além de outras abordagens metodológicas (descritas a seguir), uma análise *estrutural* da *forma* de expressões, símbologias, intercâmbios psicossociais e assim por diante. Tal análise estrutural padrão visa chegar, através da subtração/abstração progressiva das estruturas superficiais, à estrutura profunda que sustenta e orienta as operações (ou seja, translações) das estruturas superficiais.[5, 70, 101] Esta análise objetiva, na prática, atribuir todas as estruturas superficiais à sua estrutura profunda adequada demonstrando que obedecem às regras transcritivas da estrutura profunda específica (ou que podem, através da transcrição, reduzir-se à estrutura profunda).

Tais análises estruturais podem incluir quaisquer dos testes elaborados, por exemplo, por Kohlberg; Loevinger; Broughton; Sullivan, Grant e Grant; Isaacs; Peck; Buli; Selman; e Graves. Loevinger[57] já demonstrou que essas diversas formulações são todas *aproximadamente* correlativas; de qualquer modo, bastam para fornecer-nos uma primeira aproximação do grau da organização estrutural geral atingido pelos sistemas básicos de crença adotados pelo grupo. Não nos interessa tanto desempenho de um membro *específico*, embora isso possa certamente ser avaliado (e deveria sê-lo para qualquer membro especificamente à procura de aconselhamento). Em vez disso, queremos analisar estruturalmente os sistemas básicos de crença através dos quais o grupo *se define*. Uma das maneiras de determinar isso consiste em analisar estruturalmente o contexto *que define a filiação no grupo;* ou seja, que interação, séries de interação ou estruturas de crença devem ser internalizadas por uma pessoa para ser socialmente *reconhecida* como um membro do grupo? O que deve estar "dentro" da pessoa antes que ela esteja oficialmente "dentro" do grupo? Que nível de "alimento" deve ser assimilado pelos iniciados para serem da "família"? É *esse* contexto, encarnando *esse* mana, que assinala o nível central ou básico da organização estrutural através da qual o grupo define sua autoidentidade e em torno do qual o grupo como grupo inevitavelmente gira. Se existem níveis de iniciação/crença, aplica-se a análise a cada nível. (Quanto aos testes estruturais para os níveis autênticos superiores, ver item 3, na página 130.)

2. Uma vez realizada uma determinação aproximada da estrutura profunda de nível central, pode-se determinar sua localização relativa na hierarquia de desenvolvimento da estruturalização. Por exemplo, esse "envolvimento religioso" é arcaico, mágico, mítico, racional, psíquico, sutil, causal? (Ou, por exemplo, de acordo com Loevinger: simbiótico, impulsivo, autoprotetor, conformista, consciencioso, individualista autônomo, integrado? E assim por diante.)

Essa determinação – ou algo desse tipo – importa em especial para fins de aconselhamento, porque no serviço terapêutico (e no trabalho social) é uma grande vantagem, como a psicologia psicanalítica do ego claramente demonstrou, conhecer o grau de estruturalização alcançado pelo autossistema em questão.[17] Existem elementos de fusão arcaicos (indissociação eu/grupo, "unidade" arcaico-urobórica, tendências orais/canibalescas)? Há presença de estrutura limítrofe (mágico-psicótica, animista, confusão totêmica, sistemas de referência ilusórios)? Há conformidade de filiação mítica extrema (com horror à individualidade, submissão da vontade própria e da determinação, anseio por sensação de pertinência e associação cultista, dependência passiva com relação a figuras de autoridade)? Há uma estrutura racional porém com possíveis resultados secundários complicados (meras tendências contralei mais ou menos salutares, ou efetiva ruptura neurótica real, sintomatologia e crise de identidade)? Há uma estrutura psíquica, sutil ou causal verdadeira, mas com consequente alienação do consenso mítico ou racional principal (viscosidade de comunicação, isolamento social, possível depressão)?

Não posso exagerar a importância de tal diagnóstico estrutural; sem ele, qualquer intervenção terapêutica pode ser desastrosa.[102] Como um simples exemplo, tomemos as diferenças entre os envolvimentos pré-racionais e transracionais. Um indivíduo pré-racional, limítrofe, que precisa desesperadamente criar uma estrutura racional e fortalecer o ego, não deveria ser iniciado nas disciplinas meditativas yogues transracionais mais enérgicas, porque estas destinam-se a *afrouxar* temporariamente a estrutura racional e, assim, simplesmente destruirão a pouca estrutura que possa restar ao limítrofe. Da mesma forma, na minha opinião, tais clientes não deveriam ser submetidos a terapias "experimentais", pois já vivem demasiadamente na experiência e muito pouco na mente.[17] Inversamente, alguém no início ou no processo de uma verdadeira transformação para os reinos psicossutis não encontrará nenhuma ajuda num psiquiatra ortodoxo, que tende a encarar todo o desenvolvimento transracional como regressão pré-racional e que, ao tentar reconsolidar a estrutura racional exclusiva nessa pessoa, gerará uma consciência espiritual natimorta. Tal pessoa deve ser encaminhada a um mestre espiritual habilitado, um terapeuta junguiano, um psicólogo transpessoal ou alguma outra assistência de orientação fidedigna.

Em resumo, a meta da análise estrutural é determinar o *tipo*, e consequentemente o *grau*, da estruturalização e da organização de desenvolvimento e, correlativamente, se a situação alega religiosidade, o grau de autenticidade.

3. A análise acima, naturalmente, recairá sobre uma hierarquia de desenvolvimento estrutural mais apurada do que aqui apresentada. O apuro e a sofisticação dessa hierarquia ocorrerá através da pesquisa de estágio/desenvolvimento/estrutura constante sobre cognição psicológica, identidade, percepção, moralização, epistemologia natural etc. Tal apuro já ocorre – vem ocorrendo há algum tempo – nas esferas de estruturalização subconsciente e autoconsciente, sob as denominações de psicologia de desenvolvimento psicanalítico, psicologia cognitiva, epistemologia genética, psicologia de desenvolvimento do ego etc. Como o interesse e a pesquisa progressivamente avançam para as esferas superconscientes, testemunharemos (suponho) um apuro/sofisticação das hierarquias de desenvolvimento estruturais com relação aos níveis superiores e contemplativos. As fases iniciais dessas pesquisas parecem passar por dois estágios.

Leitura hermenêutica de textos autênticos: Para podermos planejar o objetivo e a estratégia da pesquisa, é necessário termos algum tipo de hipóteses de trabalho, e uma das melhores fontes de tais dispositivos parecem ser os mapas experimentais dos estágios superconscientes fornecidos pelos textos tradicionais. Uma leitura hermenêutica sistemática e cuidadosa dos textos das diversas religiões (esotéricas) vai proporcionar uma reserva de mapas hipotéticos, estruturar a pesquisa efetiva em torno deles e julgar o progresso inicial em relação a eles. *The Atman Project* representa uma tentativa básica, porém muito genérica nesse sentido, estabelecendo *paralelos de culturas cruzadas* para apresentar algumas estruturas profundas fundamentais dos estágios mais elevados (centáurico, sutil inferior, sutil superior, causal inferior, causal superior e final). Daniel Brown[20] apresentou uma interpretação hermenêutica de uma concepção de estágio específica dos estados meditativos mais elevados, a da Mahamudra, que reflete o tipo de hermenêutica detalhada de que precisaremos em cada tradição esotérica para podermos elaborar mais precisamente nossos paralelos de culturas cruzadas e tirar nossas conclusões. Os trabalhos de Pascal Kaplan,[55] Daniel Goleman,[35] Huston Smith,[86] Fritjof Schuon[81] e René Guénon[37] constituem importantes diretrizes nessa tentativa.

Investigação direta: Para podermos testar nossos apurados mapas hipotéticos, precisaremos de efetiva acumulação de dados de populações genuinamente envolvidas no desenvolvimento e na adaptação superconscientes. Esse tema requer uma abordagem pelo menos da extensão de um livro, e, em vez de sequer tentar mencionar todos os pontos (e problemas) pertinentes ao assunto, direi apenas que, empregando os mapas de trabalho hermenêuticos, poderemos delinear propostas de caracterologia dos estágios de estrutura superiores, elaborar testes adequados para registrar e medir a manifestação e o grau desses traços e, posteriormente, submeter os resultados a análises estruturais padrão à Piaget, Kohlberg, Loevinger e outros. Essas análises serão repetidas sempre que possível em condições culturais diferentes (Japão, Índia, Burma, entre outros, possuem setores contemplativos bastante amplos, como agora os Estados Unidos). Um trabalho inicial nessa área está sendo realizado por Maliszewski, Twemlow, Brown, Engler, Gabbard, Jones e outros.[21, 58, 92]

Sinto esse campo especialmente propício para os sociólogos, pois quase todas as pesquisas até hoje não levaram em conta os padrões intersubjetivos de intercâmbio relacional que constituem os níveis superiores bem como os inferiores da adaptação estrutural. Psicólogos interessados apenas em mudanças relacionadas a percepção, mudanças cognitivas, reinterpretação do afeto, controle de impulsos, bem como pensadores com tendências semelhantes, inclinam-se a desconsiderar a natureza psicossocial dos seus dados artificialmente isolados, do mesmo modo como os psicanalistas tendem a ignorar o fato de que a análise das produções "no divã" não pode dizer se a sociedade de um modo geral está doente, e a adaptação a uma sociedade enferma é um critério pobre de "saúde mental". Do mesmo modo como a análise dos padrões sociais como um todo não pode ser conduzida no divã, a identificação dos relacionamentos psicossociais fundamentais característicos das esferas contemplativas não pode ser conduzida no tatame de meditação zen. A psicologia transpessoal terá eventualmente que se descobrir na sociologia transpessoal.

No que diz respeito à investigação direta das esferas superconscientes, em oposição à acumulação de dados psicológicos ou sociológicos indiretos, ver a seção "A metodologia da verificação gnóstica direta".

ANÁLISE FUNCIONAL (DETERMINAÇÃO DA LEGITIMIDADE)

1. Uma vez determinado o grau de autenticidade da expressão religiosa através da análise estrutural, pode-se definir o grau de legitimidade por meio de abordagens funcionalistas padrão (teoria de sistemas). A questão é simplesmente estabelecer quão satisfatoriamente o envolvimento religioso específico serve à estabilidade e à integração *dentro* do próprio grupo (legitimidade de conteúdo) e *entre* o grupo e seus antecedentes sociais mais amplos (legitimidade de contexto). Aqui todas as análises funcionais típicas e determinações mais ou menos empírico-analíticas entram em ação – controle da tensão, manutenção do padrão, determinação de limites, análises de conteúdo e de contexto, funções latentes e manifestas e assim por diante[62, 69] – porém com um entendimento apurado dos níveis hierárquicos da interação estrutural. Por exemplo, se o grupo escolhido for considerado pré-lei (através de uma análise estrutural prévia), esse fato estabelecerá um limite com relação à lei não apenas entre dois sistemas mas também entre dois níveis diferentes de sistemas, um aspecto que o próprio funcionalismo não pode detectar (falta de hierarquia normativa). Temos que usar o estruturalismo de desenvolvimento para impor essa condição limite, senão as análises funcionais tenderão a passar por cima umas das outras (e, então, desmoronar).

Com relação à legitimidade/ilegitimidade, temos a seguir o que parece ser alguns padrões comuns de conteúdo e de contexto. Com frequência, encontramos setores (ou indivíduos) pré-lei ao mesmo tempo ilegítimos em conteúdo *e* em contexto, o que significa que suas simbologias e trocas relacionais fornecem pouco ou nenhum mana-integração interno e quase nenhuma coexistência social (caso em que estão sempre a um passo do envolvimento antilei). Contudo, não raro encontramos setores pré-lei de conteúdo e contexto legítimos (por exemplo, ciganos estereotípicos, embora na América estejam sempre supostamente à beira da ilegitimidade de contexto, ou seja, antilei) ou setores pré-lei de "meio período" (ou seja, atendem a translações legais da sociedade "durante o dia" e celebrações rituais pré-lei benignas "durante a noite"; por exemplo, reunião das bruxas). Talvez os mais comuns, porém, sejam os grupos pré-lei que, não importa quão legítimos quanto ao conteúdo, revelam-se ilegítimos quanto ao contexto (ou seja, antilei; por exemplo, Hell's Angels).

Por outro lado, não raro vemos uma expressão religiosa *autêntica* sofrer dificuldades de legitimação de contexto porque é translei. Tais transleis, portanto, para a manutenção do padrão funcional e o controle da tensão, tendem a formar microcomunidades de praticantes da mesma opinião (*sanghas*), o que simplesmente corresponde a dizer que, como cada nível de adaptação estrutural *é* um nível de intercâmbio relacional, comunidades de parceiros de troca são inevitáveis, e é dentro dessas comunidades que se procura uma medida de legitimação (de conteúdo). Porém, queremos também observar os fenômenos de limite *entre* os grupos translei e a sociedade legal como um todo (legitimação de contexto), e, com relação a indivíduos específicos, como manipulam (integram) as tensões sociais criadas por viverem nos dois setores.

2. No cômputo geral, então, os padrões globais de inter-relação social parecem determinados em parte por (a) grau de autenticidade e (b) grau de legitimidade, manifesto (c) dentro e (d) através de cada situação limite. Assim, o *conteúdo interno* de determinado grupo constará do conjunto: (pré-lei, contralei, lei, antilei, translei) x (legítimo, ilegítimo). Da mesma maneira, *entre* cada grupo e os seus antecedentes sociais mais amplos (contexto) existem as mesmas dez possibilidades (embora uma delas – contexto de legitimidade antilei – se configure

uma impossibilidade em termos práticos). O resultado global é a apresentação de vinte (ou dezenove) possibilidades de compartimentos diferentes em que recairá qualquer intercâmbio psicossocial em geral, e qualquer expressão religiosa em particular.

Não estou de forma alguma insinuando que essa análise é completa ou mesmo adequada e certamente não desejo excluir outras tipologias. Minha opinião é que, ao acrescentarmos uma análise básica estrutural-hierárquica às análises tipicamente funcionais, atingimos uma escala vertical (de autenticidade), além da escala horizontal (de legitimidade) e é essa combinação que nos fornece os quatro pontos cardeais com que orientar nossas investigações sociológicas.

O MOMENTO HERMENÊUTICO

1. Embora as análises estrutural e funcional formem o suporte metodológico desta abordagem, não esgotam em absoluto as abordagens necessárias. A análise estrutural profunda *não pode* determinar os conteúdos e valores de estruturas superficiais específicas, assim como as regras do xadrez não podem estabelecer quais movimentos certo jogador efetivamente realizará. O funcionalismo global também não é útil aqui, porque vê florestas e não árvores. Desse modo, para um entendimento específico de valores, significados, e expressões particulares, sempre recorremos à hermenêutica fenomenológica. Somos ajudados nessa tarefa por nossas análises estruturais e funcionais anteriores, pois fornecem, respectivamente, o realce narrativo adequado (ou seja, a hierarquia do desenvolvimento) e o contexto narrativo adequado (ou seja, a relação do texto individual com a sociedade como um todo). Em última análise, porém, defrontamo-nos com um ser vivo que nos estuda enquanto o estudamos, e essa coprodução representa uma ação conjunta em que ambos os lados saem igualmente enriquecidos ou diminuídos.

Com relação a essa hermenêutica fenomenológica geral, temos os importantes trabalhos de, por exemplo, Gadamer, Schultz, Berger e Luckmann, Garfinkle, Taylor, Ricoeur.

2. No que diz respeito especificamente à assistência terapêutica, o procedimento hermenêutico envolve uma *interpretação* consciente dos sintomas considerados problemáticos pelo cliente, com a meta final de reconstruir as possíveis falhas de desenvolvimento que estilhaçaram ou fragmentaram o fluxo da estruturalização. Quando essa fragmentação ocorre, aspectos da consciência rompem-se e tornam-se, assim, obscuros no seu significado. Constituem "textos ocultos", facetas alienadas do eu, *símbolos* dissociados que se apresentam como *sintomas*. Ao *interpretar* os sintomas simbólicos – os textos e subtextos ocultos – o terapeuta ajuda o cliente a recuperar essas facetas do eu, *recriando-as* e, assim, relegitimando-as, ou seja, assumindo conscientemente a responsabilidade pela sua existência.[105]

É aí que um conhecimento geral de desenvolvimento como estruturalização hierárquica ininterrupta torna-se essencial, porque o procedimento histórico-hermenêutico não consiste apenas em lidar com os desenvolvimentos passados no nível atual, mas também em níveis anteriores e menos *estruturados*, cujos significados são muito difíceis de *transladar* sem um conhecimento de *transformações* passadas. O terapeuta, por exemplo, poderá achar que existe um significado oculto, um subtexto, dentro da comunicação racional, linguística e consciente do cliente de determinada mensagem ou série de mensagens. Ora, esse subtexto obscuro poderá ser, de fato, uma mensagem relativamente racional mas que o cliente não deseja reconhecer (tabu, no momento); a terapia aqui envolve praticamente apenas o fornecimento de um *contexto* por parte do terapeuta para o reconhecimento do subtexto racional. Contudo, ocasionalmente, a mensagem oculta, comunicação obscura ou subtexto, é escrita numa sintaxe *mítica*, que poderá ter um núcleo *mágico* de satisfação de desejos (*por sua vez* frequentemente acusados ou revelados como subtexto por interesses instintivos ou emotivo-sexuais arcaicos).[35, 101, 105]

Em tais casos, aparentemente, em algum ponto no decorrer do desenvolvimento inicial, um subtexto mágico (e/ou emocional) foi considerado tabu e defensivamente desintegrado (reprimido, dissociado) da marcha em curso da estruturalização. Como as estruturas são sempre estruturas de intercâmbio relacional, isso também envolve uma privatização do que, de outra forma, poderia formar uma unidade da troca intersubjetiva. Ou seja, a alienação do eu *é* uma alienação dos outros. Uma vez isolado do entendimento pessoal e igualmente desprovido de toda possibilidade de interpretação consensual, ele se torna um subtexto ilegítimo isolado da narrativa do desenvolvimento em progresso. Assim, alienado da narrativa imediata, isolado e privatizado, tende a atrair à sua volta quaisquer outros elementos subsequentemente considerados fora da lei. Então, acumulando camada após camada de *translação incorreta* (intercâmbio relacional deformado), ele finalmente se projeta na consciência sob a forma de um sintoma desconcertante. Desconcertante porque, como um texto duplamente secreto, oculto tanto do eu como dos outros, não possui um referencial para interpretação, permanece revestido por símbolos obscuros e anseios sombrios. Se perguntarmos ao paciente por que produz tais sintomas ou qual o seu significado, ele responderá: "Não tenho a menor ideia, é por isso que estou aqui. Por que isso está acontecendo? Por que não para?". O próprio fato de o paciente normalmente se referir a um sintoma como "isso", em vez de "eu" ou "mim" (por exemplo: "*Eu* movo minha mão, porém o sintoma, isso acontece contra minha vontade") reflete exatamente o estado dissociado, alienado e estranho em que recaiu o impulso, ou subtexto ou mensagem-sombra então oculto. Na verdade, quando Freud resumiu a meta da terapia como "onde isso estava, ali eu estarei" (pobremente traduzido do original como "onde o id estava, ali o ego estará"), deve ter tido fundamentalmente esse ponto crucial em mente.

Parte do procedimento terapêutico, portanto, consiste em usar esse conhecimento do desenvolvimento estrutural (do arcaico ao mágico, ao mítico, ao racional) como um modelo narrativo que sirva como meio de comparação para a interpretação dos sentidos ocultos dos diversos subtextos, até que esses significados voltem a tornar-se claros para o paciente (ou seja, não reprimidos). Nesse ponto, o sintoma tende a declinar porque o seu conteúdo simbólico foi liberado da alienação privatizada, para reunir-se à comunidade de troca relacional, e o seu componente bioenergético (caso o possua) é liberado para a participação física na experiência emotivo-sexual compartilhada, e a sua mensagem de significado global juntou-se novamente ao desdobramento narrativo em progresso do indivíduo. Nesse procedimento geral, o estruturalismo de desenvolvimento fornece-nos o modelo narrativo externo, e a hermenêutica dá-nos os diversos significados pessoais/internos dos vários subtextos à medida que se revelam com relação (e devido) ao próprio modelo narrativo.

3. Existe, como mencionamos anteriormente, o papel da hermenêutica em propor mapas iniciais de trabalho das esferas superiores (através da análise textual das tradições esotéricas mundiais). Gostaria apenas de fazer aqui uma advertência: conforme pesquisadores como Brown afirmaram, uma interpretação de textos esotéricos revela estágios hierárquicos de desenvolvimento contemplativo. É importante lembrar, contudo, que a hierarquia ou a própria concepção de estágio *não é* uma revelação hermenêutica. Os estágios revelam-se através da lógica de desenvolvimento – o modelo narrativo – na prática e evolução efetivas. Essas sucessivas circunstâncias *emergentes* em toda a parte surpreendem a narrativa; contudo, quando os resultados globais são simplesmente introduzidos num texto, poderá parecer equivocadamente que são criados pelo texto e, em consequência, constatáveis somente através da hermenêutica, o que não é o caso, como tentei mostrar no capítulo l.

MOMENTOS EMANCIPATÓRIOS

Sem me alongar sobre o assunto, considerarei evidente que a terapia global envolve uma autorreflexão crítica sobre translações passadas e possíveis translações incorretas (textos ocultos). Acredito que isso seja verdadeiro tanto para indivíduos como para sociedades como um todo (embora, naturalmente, os aspectos específicos variem). Tal reflexão é impulsionada pelo *interesse emancipatório horizontal* – um desejo de "liquidar" translações passadas incorretas (subtextos ocultos, repressões, opressões, dissociações). Essas distorções, secretamente encerradas na hierarquia do indivíduo composto, geram tensões estruturais e irritações que acionam o interesse emancipatório. Quando tais fixações/repressões são relembradas, recriadas e reintegradas, os aspectos da consciência individual (ou de grupos de pessoas) anteriormente presos num nível inferior de estruturalização libertam-se, ou se tornam capazes de uma transformação ascendente, renunciando às suas lamentações sintomáticas e reingressando no modelo médio de estruturalização superior agora característico do eu central (ou da sociedade como um todo). Tal avanço transformador é impulsionado pelo *interesse emancipatório vertical* inerente ao desenvolvimento e à evolução em si.

A METODOLOGIA DA VERIFICAÇÃO GNÓSTICA DIRETA

Há, finalmente, o problema metodológico da investigação direta (em oposição à textual) dos próprias níveis superiores (superconscientes), e aqui delineamos nossos dois últimos principais modelos de investigação: gnose/*jnana* para a compreensão direta desses níveis, e mandálico-lógico para comunicá-los, mesmo que paradoxalmente, através de símbolos linguísticos. O conhecimento espiritual em si *não é* simbólico; envolve a intuição direta, sem intermediários e transimbólica do espírito e a identidade com ele.[7, 22, 88] Como tentei mostrar alhures,[99] esse conhecimento espiritual, *como todas as outras formas de conhecimento cognitivo válido*, é experimental, passível de repetição e publicamente verificável, porque, como todos os demais modelos válidos, compõe-se de três partes:

Injunção: sempre da forma "Se quiseres saber isso, *faça* isto".
Compreensão: uma compreensão/iluminação cognitiva do "domínio-objeto" referido pela injunção.
Confirmação comunal: uma comparação dos resultados com outros que tenham completado as partes anteriores.

Darei um exemplo de todas as três partes, digamos, nas ciências empírico-analíticas. Caso alguém deseje saber se uma célula contém um núcleo, deve: (l) aprender a manusear o miscroscópio, a tirar cortes histológicos, a colorir células e assim por diante (injunções), depois olhar e ver (compreensão), para finalmente comparar suas conclusões com as de outras pessoas, especialmente as de um professor qualificado, no caso de um principiante, ou as de uma comunidade de cientistas da mesma área para os que pretendem seguir carreira (confirmação comunal).

Teorias injuntivas de má qualidade (nº 1) serão repelidas por percepções incongruentes (nº 2) e subsequentemente rejeitadas pela comunidade de pesquisadores (nº 3), e é essa recusa potencial que constitui o princípio da inverificabilidade de Popper.

O mesmo ocorre com o conhecimento espiritual autêntico. Abordaremos, por exemplo, o zen com relação às três partes. Ele possui uma parte injuntiva, que requer anos de treinamento especializado e disciplina crítica: a prática da meditação, ou zazen, que é o instrumento injuntivo para a possível revelação cognitiva. Não admira, então, que a forma seja sempre: "Se quiseres saber se existe o universo de Buda, deves primeiro fazer isto". Trata-se de injunção *experimental* e *experiencial*.

Dominada essa parte, o pesquisador encaminha-se para a segunda, a da compreensão/iluminação; nesse caso, *satori*. *Satori* significa "ver diretamente dentro da própria natureza" – tão diretamente quanto olhar no microscópio para ver o núcleo das células, com uma importante condição em cada caso: apenas um olho treinado deve olhar.

A terceira parte representa uma confirmação cuidadosa, tanto da parte de um mestre zen como da comunidade de meditadores participantes. Não se trata apenas de uma sociedade de estímulos maquinais e consentimentos mútuos; é um *teste* veemente, que constitui uma recusa potencialmente poderosa e uma *não confirmação* de qualquer compreensão em especial vivenciada na segunda parte. Tanto na interação particular e intensa com o mestre zen (*dokusan*) como na rígida participação pública em testes rigorosos de autenticidade (*shosan*), *todas* as conclusões chocam-se contra a comunidade daqueles cujos olhos cognitivos adéquam-se ao transcendente, e tais conclusões não são absolutamente confirmadas se não combinarem com os fatos de transcendência conforme revelados pela comunidade de espíritos afins (e isso inclui conclusões passadas já julgadas, pelos padrões da época, como verdadeiras, mas agora reclassificadas ou consideradas parciais por uma experiência mais sofisticada).[99]

Com essa gnose, então, uma gnose verificável, o nosso repertório metodológico se completa. É também com a gnose que concluo meu esboço informal de uma sociologia transpessoal. Pois a contribuição final que a psicologia transpessoal pode dar à sociologia é: se quiser saber a respeito das esferas realmente transcendentes, adote uma prática contemplativo-meditativa (injunção) e descubra por si próprio (iluminação) em que ponto a comunidade da transcendência que tudo inclui pode se revelar no seu caso e ser testada pelos espíritos afins (confirmação). Nesse ponto, Deus deixa de ser um mero símbolo em sua consciência para transformar-se no nível máximo da sua própria individualidade composta e adaptação estrutural, a sociedade de todas as sociedades possíveis, agora reconhecida como o verdadeiro eu. Além disso, quando vemos Deus como a sociedade de todas as sociedades possíveis, o estudo da sociologia adquire um novo e inesperado significado, e nós todos nos encontramos imersos num Deus social, criado e criador, liberado e liberador – um Deus que, como Outro, exige participação e, como Eu, exige identidade.

Referências

O que segue não é, em absoluto, uma bibliografia completa, nem mesmo representativa. Trata-se apenas de uma relação dos trabalhos diretamente mencionados ou citados no texto. Incluí uma pequena lista de leitura recomendada em psicologia transpessoal para aqueles que possam não estar familiarizados com seus princípios fundamentais.

1. Anônimo. *Course in miracles.* 3 vols. Nova York: Foundation for Inner Peace, 1977.

2. Anthony, D. "A phenomenological-structuralist approach to the scientific study of religion". Cap. 8, *On religion and social science.* D. Anthony *et al.*, orgs., Universidade da Califórnia, no prelo.

3. Anthony, D., e Robbins, T. "From symbolic realism to structuralism". *Journ. Sc. Study Rel.*, vol. 14, nº 4, 1975.

4. Anthony, D., e Robbins, T. "A typology of non-traditional religions in modern America". Monografia, A.A.A.S., 1977.

5. Arieti, S. *The intra-psychic self.* Nova York: Basic Books, 1967.

6. Assagioli, R. *Psicossíntese.* São Paulo: Cultrix, 1982.

7. Aurobindo. *The life divine, and the synthesis of yoga.* Vols. 18-21, Pondicherry: Centenary Library, s.d.

8. Baldwin, J. *Thought and things.* Nova York: Arno, 1975.

9. Bateson, G. *Steps to an ecology of mind.* Nova York: Ballantine, 1972.

10. Becker, E. *The denial of death.* Nova York: Free Press, 1973.
11. ____. *Escape from evil.* Nova York: Free Press, 1975.
12. Bell, D. *The end of ideology.* Glencoe: Free Press, 1960.
13. Bellah, R. *Beyond belief.* Nova York: Harper, 1970.
14. ____. *The broken covenant.* Nova York: Seabury, 1975.
15. Berdiaev, N. *The destiny of man.* Nova York: Harper, 1960.
16. Berger, P., e Luckmann, T. *The social construction of reality.* Nova York: Doubleday, 1972.
17. Blanck, G., e Blanck, R. *Ego psychology: teory and practice.* Nova York: Columbia University Press, 1974.
18. Broughton, J. "The development of natural epistemology in adolescence and early adulthood". Tese de doutorado, Harvard, 1975.
19. Brown, N. *Life against death.* Middletown: Wesleyan, 1959.
20. Brown, D. "A model for the leveis of concentrative meditation". *Int. J. Clin. Exp. Hypnosis*, vol. 25, 1977.
21. Brown, D., e Engler, J. "A Rorschach study of the stages of mindfulness meditation". *J. Transp. Psych.*, 1980.
22. Bubba (Da) Free John. *The paradox of instruction.* San Francisco: Dawn Horse, 1977.
23. Campbell, J. *The masks of god: primitive mythology.* Nova York: Viking, 1959.
24. Chomsky, N. *Problems of knowledge and freedom.* Londres: Barrie and Jenkins, 1972.
25. Clark, G., e Piggott, S. *Prehistoric societies.* Nova York: Knopf, 1965.
26. Deutsch, E. *Advaita vedanta.* Honolulu: EastWest Center Press, 1969.

27. Eliade, M. *Shamanism*. Nova York: Pantheon, 1964.

28. Fairbairn, W. *An object-relations theory of the personality*. Nova York: Basic Books, 1954.

29. Fenichel, O. *The psychoanalytic theory of neurosis*. Nova York: Norton, 1945.

30. Fenn, R. "Towards a new sociology of religion". *J. Sc. Study Rel.*, vol. 11, nº 1, 1972.

31. Freud, S. *The future of an illusion*. Nova York: Norton, 1971.

32. Gadamer, H. *Philosophical hermeneutics*. Berkeley: Univ. Cal. Press, 1976.

33. Garfinkel, H. *Studies in ethonomethodology*. Englewood Cliffs: Prentice-Hall, 1967.

34. Geertz, C. *The interpretation of cultures*. Nova York: Basic Books, 1973.

35. Goleman, D. *The varieties of the meditative experience*. Nova York: Dutton, 1977.

36. Greenson, R. *The technique and practice of psychoanalysis*. Nova York: Int. Univ. Press, 1976.

37. Guénon, R. *Man and his becoming according to the vedanta*. Londres: Luzac, 1945.

38. Habermas, J. *Knowledge and human interests*. Boston: Beacon, 1971.

39. ____. *Legitimation crisis*. Boston: Beacon, 1975.

40. ____. *Theory and practice*. Boston: Beacon, 1973.

41. ____. *Communication and the evolution of society*. Boston: Beacon, 1976.

42. Hartmann, H. *Ego psychology and the problem of adaptation*. Nova York: Int. Univ. Press, 1958.

43. Hartshorne, C. *The logic of perfection*. La Salle: Open Court, 1973.

44. ____. *Whitehead's philosophy*. Lincoln: Univ. Nebr. Press, 1972.

45. Hegel, G. *The phenomenology of mind*. Ballie, J., tradução. Nova York: Humanities Press, 1977.

46. ____. *Science of logic*. Johnston and Struthers, 2 vols. Londres: Allen & Unwin, 1951.

47. Horkheimer, M. *Critical theory*. Nova York: Seabury, 1972.

48. Hume, R., tradução. *The 13 principal upanishads*. Londres: Oxford Univ. Press, 1974.

49. Ihde, D. *Hermeneutic phenomenology: The philosophy of Paul Ricoeur*. Evanston: Northwestern, 1971.

50. Jacobson, E. *The self and the object world*. Nova York: Int. Univ. Press, 1964.

51. James, W. *Varieties of religious experience*. Nova York: Collier, 1961.

52. Jonas, H. *The gnostic religion*. Boston: Beacon, 1963.

53. Jung, C. G. *The basic writings of* ____. DeLaszlo (org.). Nova York: Modern Library, 1959.

54. Kohlberg, L., e Gilligan, C. "The adolescent as philosopher". Em Harrison, S., e McDermott, J. (orgs.), *New directions in childhood psychopathology*. Nova York: Int. Univ. Press, 1980.

55. Kaplan, P. "An excursion into the 'undiscovered country'". Em Garfield, C. (org.), *Rediscovery of the body*. Nova York: Dell, 1977.

56. Lasch, C. *The culture of narcissism*. Nova York: Norton, 1979.

57. Loevinger, J. *Ego development*. San Francisco: Jossey-Bassa, 1976.

58. Maliszwewski, M., *et al.* "A phenomenological typology of intensive meditation". *ReVision*, vol. 4, n° 2, 1981.

59. Marin, P. "The new narcissism". *Harpers*, out. 1975.

60. Marx, K. *Selected writings.* Bottomore, T. (org.). Londres, 1956.

61. Maslow, A. *The farther reaches of human nature.* Nova York: Viking, 1971.

62. Merton, R. *Social theory and social structure.* Glencoe: Free Press, 1957.

63 Mishra, R. *Yoga sutras.* Garden City, Nova York: Anchor, 1973.

64. Needham, J. *Science and civilization in China.* Vol. 2. Londres: Cambridge, 1956.

65. Needleman, J. *Lost Christianity.* Nova York: Doubleday, 1980.

66. Neumann, E. *The origins and history of conciousness.* Princeton: Princeton Univ. Press, 1973.

67. Ogilvy, J. *Many dimensional man.* Nova York: Oxford Univ. Press, 1977.

68. Palmer, R. *Hermeneutics.* Evanston, 1969.

69. Parsons, T. *The social system.* Glencoe, 1951.

70. ____. Piaget, J. *The essential* ____. Gruber, H., e Voneche, J. (orgs.). Nova York: Basic Books, 1977.

71. Polanyi, M. *Personal knowledge.* Chicago: Univ. of Chic. Press, 1958.

72. Radin, P. *The world of primitive man.* Nova York: Grove, 1960.

73. Rank, O. *Psychology and the soul.* Nova York: Perpetua, 1961.

74. Rank, O. *Beyond psychology*. Nova York: Dover, 1958.

75. Rapaport, D. *Organization and pathology of thought*. Nova York: Columbia, 1951.

76. Rapaport, D. e Gill, M. "The points of views and assumptions of metapsychology". *Int. J. Psychoanal.*, vol. 40, 1959.

77. Robbins, T. e Anthony, D. "New religious movements and the social system". *Ann. Rev. Soc., Sc. Rel.* 2, 1978.

78. ____. *In gods we trust*. San Francisco: Transaction Books, 1981.

79. Ricoeur, P. *Freud and philosophy*. New Haven: Yale, 1970.

80. Roheim, G. *Magic and schizophrenia*. Nova York: I. U. P., 1955.

81. Schuon, F. *Logic and transcendence*. Nova York: Harper, 1975.

82. Schutz, A. *The phenomenology of the social world*. Evanston: Northwestern, 1967.

83. Echutz, A. e Luckmann, T. *The structures of the life-world*. Evanston: Northwestern, 1973.

84. Selman, R. "The relation of role-taking to the development of moral judgement in children". *Child development*, 42, 1971.

85. Singh, K. *Surat shabd yoga*. Berkeley: Images Press, 1975.

86. Smith, H. *Forgotten truth*. Nova York: Harper, 1976.

87. Sullivan, H. *The interpersonal theory of psychiatry*. Nova York: Norton, 1953.

88. Suzuki, D. T. *Studies in the lankavatara sutra*. Londres: Routledge and Kegan Paul, 1968.

89. Taimni, I. *The science of yoga*. Wheaton: Quest, 1975.

90. Takakusu, J. *The essentials of buddhist philosophy*. Honolulu: Univ. of Hawaii, 1956.

91. Teilhard de Chardin, P. *The future of man*. Nova York: Harper, 1964.

92. Twemlow, S., *et al.* "The out-of-body experience". Submetido à apreciação *Am. J. Psych.*

93. Washburn, M. "The bimodal and tri-phasic structures of human experience". *ReVision*, vol. 3, nº 2, 1980.

94. Watts, A. *Beyond theology*. Cleveland: Meridian, 1975.

95. Werner, H. *Comparative psychology of mental development*. Nova York: Int. Univ. Press, 1957.

96. "The concept of development from a comparative and organismic point of view". Em Harris (org.), *The concept of development*. Minneapolis: Univ. of Minnesota, 1957.

97. Whitehead, A. *Process and reality*. Nova York: Free Press, 1969.

98. White, L. L. *The next development in man*. Nova York: Mentor, 1950.

99. Wilber, K. "Eye to eye". *ReVision*, vol. 2, nº 1, 1979.

100. _____. "Physics, mysticism, and the new holographic paradigm". *ReVision*, vol. 2, nº 2, 1979.

101. _____. *The Atman project*. Wheaton: Quest, 1980.

102. _____. "The pre-trans fallacy". *ReVision*, vol. 3, nº 2, 1980.

103. _____. "Ontogenetic development – two fundamental patterns". *Journal of Transpersonal Psychology*, vol. 13, nº 1, 1981.

104. _____. "Reflections on the new age paradigm". *ReVision*, vol. 4, nº 1, 1981.

105. _____. *Up from Eden*. Nova York: Anchor/Doubleday, 1981.

106. _____. "Legitimacy, authenticity, and authority in the new religions". Manuscrito que circulou reservadamente.

107. Wilden, A. "Libido as language". *Psychology Today.* Maio, 1972.

108. Zilboorg., G. "Fear of death". *Psychoanal. Quat.* vol. 12, 1943.

Leitura recomendada: *Uma introdução à psicologia transpessoal.*

109. Assagioli, R. *Psicossintese*, São Paulo: Cultrix, 1982.

110. Benoit, H. *The supreme doctrine.* Nova York: Viking, 1959.

111. Campbell, J. *The masks of God.* 4 vols. Nova York: Viking, 1959-1968.

112. Fadiman, J. e Frager, R. *Personality and personal growth.* Nova York: Harper, 1976.

113. Goleman, D. *The varieties of the meditative experience.* Nova York: Dutton, 1977.

114. Govinda, L. *Foundations of tibetan mysticism.* Nova York: Weiser, 1969.

115. Green, E., e Green, A. *Beyond biofeedback.* Nova York: Delacorte, 1977.

116. Grof, S. *Realms of the human unconscious.* Nova York: Viking, 1975.

117. Hixon, L. *Corning home.* Nova York: Anchor, 1978.

118. Huxley, A. *The perennial philosophy.* Nova York: Harper, 1944.

119. James, W. *The varieties of religious experience.* Nova York: Collier, 1961.

120. Jung, C. G. *Memories, dreams, and reflections.* Nova York: Vintage, 1965.

121. Kornfield, J. *Living buddhist masters.* Santa Cruz: Unity, 1977.

122. LeShan, L. *Alternate realities.* Nova York: Ballantine, 1977.

123. Maslow, A. *The farther reaches of human nature.* Nova York: Viking, 1977.

124. Needleman, J. *Lost christianity.* Nova York: Doubleday, 1980.

125. Neumann, E. *The origins and history of consciousness.* Princeton: Princeton Univ. Press, 1973.

126. Roberts, T. (org.) *Four psychologies applied to education.* Cambridge: Schenkman, 1974.

127. Schumacher, E. *A guide for the perplexed.* Nova York: Harper, 1977.

128. Smith, H. *Forgotten truth.* Nova York: Harper, 1976.

129. Tart, C. *States of consciousness.* Nova York: Dutton, 1975.

130. Walsh, R., e Vaughan, F. *Beyond ego.* Los Angeles: Tarcher, 1980.

131. White, J. *The highest state of consciousness.* Nova York: Doubleday, 1973.

132. Wilber, K. *The Atman project.* Wheaton: Quest, 1980.

133. ____. *Up from Eden.* Nova York: Anchor/Doubleday, 1981.

134. Woods, R. (org.). *Understanding mysticism.* Nova York: Image, 1981.

impressão acabamento
rua 1822 nº 341
04216-000 são paulo sp
T 55 11 3385 8500
F 55 11 2063 4275
www.loyola.com.br